Si había un libro que Tim Challies tenía que escribir alguna vez, era este. Uno que yo necesitaba leer porque, cuando las aflicciones se multiplican, volviéndose crónicas y debilitantes, el corazón cansado anhela un bálsamo fresco para aliviar el dolor. Encontré ese ungüento sanador en *Estaciones de aflicción*. Con una franqueza desgarradora, mi amigo Tim ofrece un consuelo firme y bendecido por el Espíritu, de la clase que apuntala tu alma y te hace más fuerte para resistir. En estas páginas harás algo más que entrar en la historia de la gran pérdida que sufrió Tim; saldrás al otro lado con el corazón más tierno y un valor renovado para perseverar en tus propias y oscuras etapas de aflicción.

JONI EARECKSON TADA, fundadora de Joni &
Friends Centro Internacional de la Discapacidad

Estaciones de aflicción es un libro hermoso. Leerlo es como tener un precioso regalo, como estar en tierra santa. La muerte de un hijo es un recordatorio duro, impactante y triste de que vivimos en un mundo quebrantado, caído y que gime; sin embargo, es precisamente en esos momentos, cuando las cosas inesperadas y no deseadas entran por la puerta, con la oscuridad del dolor, la tristeza y preguntas sin respuestas, cuando las maravillosas verdades del evangelio resplandecen con más intensidad. *Estaciones de aflicción* te hará llorar, pero a través de esas lágrimas verás a tu Señor y la majestad de su gracia en maneras que quizá nunca antes habías visto.

PAUL DAVID TRIPP, pastor, orador, autor de *Nuevas misericordias cada mañana* y *Sufrimiento: La eternidad hace la diferencia (Recursos para cambiar vidas)*

Me gusta leer cualquier cosa que escriba Tim Challies, pero *Estaciones de aflicción* llegó directo a mi alma. Lo leí unas pocas semanas después de las inesperadas muertes de dos amigos cercanos y mientras mi esposa batalla con valentía contra un cáncer en etapa 4. El sincero dolor de Tim y su perspectiva cristocéntrica hablaron a mi corazón y también a mi mente. Él escribe con sinceridad, autenticidad y profundidad. Aquí no hay pretensión alguna, ni una muerte retocada o minimizada. Sin embargo, es un libro esperanzador que abraza las promesas de Dios —compradas por sangre— de que un día él revertirá la maldición y engullirá la muerte para siempre. Recomiendo encarecidamente *Estaciones de aflicción* a cualquiera que haya experimentado una pérdida desgarradora.

RANDY ALCORN, autor de *El cielo* y *If God Is Good*

Tim Challies nos ha permitido observar su confianza al escribir con una franqueza muy íntima. Es un doloroso placer que alguien te invite a esos sagrados momentos de dolor, y encontrar ayuda en el recordatorio de que Dios es demasiado bueno para ser cruel y demasiado sabio para cometer un error.

ALISTAIR BEGG, pastor principal de la congregación Parkside Church y presentador del programa de radio *Truth for Life*

En *Estaciones de aflicción*, Tim Challies muestra el corazón de un padre terrenal, profundamente abatido por la muerte repentina de su amado hijo, Nick; pero cuando Tim escribe su fiel agonía, también nos lleva al fiel gozo que solo puede venir del Cristo resucitado. Los creyentes necesitan este libro, uno que solo Tim Challies podría haber escrito. Estoy muy agradecido de que Nick fuera alumno de Boyce College, donde su influencia como joven cristiano fue destacable. A través de esta obra, su impresionante vida unida a su tristeza como padre que honra a Dios, destacan como un testimonio del amor redentor de nuestro Padre celestial.

ALBERT Y MARY MOHLER

En el invierno de su aflicción, Tim Challies escribe que quiere ser considerado como un buen administrador de lo que Dios le confió, no solo en la vida sino también en la muerte de su hijo. Y, verdaderamente, este libro tan tierno es una evidencia de esa buena gestión. Al expresar sus agonías, preguntas y objetivos, discipula a todos los que transitan por el camino de perder a un ser querido. Las personas afligidas encontrarán en las páginas de este libro compañía, inspiración y un ánimo genuino para el viaje.

> **NANCY GUTHRIE**, autora de *Hearing Jesus*
> *Speak into Your Sorrow* y coanfitriona de los
> Retiros Respite para padres en aflicción.

Este libro es brillante, no por la elocuencia de Tim Challies, ¡sino por sus lágrimas! Muchos nos hemos beneficiado inmensamente de los blogs del autor. Sin embargo, en este libro, Tim nos lleva aún más profundo a medida que lo vemos batallar con la brutal fealdad de la muerte durante todo un año de aflicción tras la pérdida de su hijo Nick. La capacidad y resistencia de la fe que brilla en cada página me dejaba, a menudo, con los ojos llenos de lágrimas, dándole gracias a Dios por su gracia con su pueblo durante sus tiempos más oscuros. ¡Qué gracia tan invaluable!

> **CONRAD MBEWE**, pastor de la Iglesia
> Bautista Kabwata y rector fundador de
> la Universidad Africana Cristiana

Si has perdido a un ser querido, como nos ha pasado a todos, o si has enterrado a un hijo, como a muchos les ha ocurrido, Tim Challies es tu amigo, tu hermano, tu cuerda salvavidas. En esta conmovedora colección de reflexiones, te afligirás con Tim, Aileen y su preciosa familia. Su fe y su valentía te bendecirán con una infusión de las mismas. Y su esperanzadora perspectiva te ayudará a continuar hasta el día en que, como dice Tim, cada lamento sea «consolado en el lugar donde todas las lágrimas son enjugadas».

> **ROBERT Y NANCY DEMOSS WOLGEMUTH**,
> autores de *bestsellers*

TIM CHALLIES

estaciones de aflicción

el dolor de la pérdida
y el consuelo de Dios

TIM CHALLIES

estaciones de aflicción

el dolor de la pérdida
y el consuelo de Dios

Vida

La misión de Editorial Vida es ser la compañía líder en satisfacer las necesidades de las personas con recursos cuyo contenido glorifique al Señor Jesucristo y promueva principios bíblicos.

ESTACIONES DE AFLICCIÓN
Edición en español publicada por
Editorial Vida – 2023
Nashville, Tennessee

© 2023 por Editorial Vida
Este título también está disponible en formato electrónico.

Publicado originalmente en EUA bajo el título:
Seasons of Sorrow
Copyright © 2022 por Tim Challies
Publicado con permiso de Zondervan, Grand Rapids, Michigan 49530.
Todos los derechos reservados

Prohibida su reproducción o distribución.

A menos que se indique lo contrario, todas las citas bíblicas han sido tomadas de La Santa Biblia, Nueva Biblia de las Américas © 2005 por The Lockman Foundation. La Habrá, California 90631, Usada con permiso, www.NuevaBiblia.com.

Las citas bíblicas marcadas «NVI» son de la Santa Biblia, Nueva Versión Internacional® NVI®. Copyright © 1999, 2015 por Biblica, Inc.® Usada con permiso de Biblica, Inc.® Reservados todos los derechos en todo el mundo.

Las citas bíblicas marcadas «NTV» son de la Santa Biblia, Nueva Traducción Viviente, © Tyndale House Foundation, 2010. Usada con permiso de Tyndale House Publishers, Inc., 351 Executive Dr., Carol Stream, IL 60188, Estados Unidos de América. Todos los derechos reservados.

Los enlaces de la Internet (sitios web, blog, etc.) y números de teléfono en este libro se ofrecen solo como un recurso. De ninguna manera representan ni implican aprobación o apoyo de parte de Editorial Vida, ni responde la editorial por el contenido de estos sitios web ni números durante la vida de este libro.

Traducción: *Belmonte Traductores*
Adaptación del diseño al español: *Deditorial*

ISBN: 978-0-82977-234-0
eBook: 978-0-82977-235-7
Audio: 978-0-82977-236-4

Número de Control de la Biblioteca del Congreso: 2022951237

CATEGORÍA: Religión / Vida Cristiana / Muerte, duelo, pérdida

IMPRESO EN ESTADOS UNIDOS DE AMÉRICA
PRINTED IN THE UNITED STATES OF AMERICA

23 24 25 26 27 LBC 5 4 3 2 1

Este libro es dedicado a Nicholas Paul Challies
5 de marzo de 2000 - 3 de noviembre de 2020

Una parte de las regalías del autor de este libro se donarán a la beca Nick Challies Memorial Scholarship de Boyce College y el Seminario Teológico Bautista del Sur.

Extractos de este trabajo aparecieron, en varias formas y en diversos grados, en Challies.com.

Índice

Invierno

Primavera

Verano

4 de noviembre de 2020

En todos los años que llevo escribiendo, nunca había tenido que teclear unas palabras más difíciles y devastadoras que estas: el día de ayer, el Señor llamó a mi hijo a su presencia; a mi querido hijo, mi dulce hijo, mi buen hijo, mi piadoso hijo, mi único hijo.

Nick estaba jugando con su hermana, su prometida y muchos estudiantes más en su universidad en Louisville, Kentucky, cuando de repente se desmayó, y nunca volvió a recuperar la conciencia. Los estudiantes, los paramédicos y los doctores batallaron con valentía, pero no pudieron salvarlo. Ya está con el Señor que amaba, el Señor al que anhelaba servir. No tenemos respuestas para los qué o los por qué.

Ayer, Aileen y yo lloramos y lloramos hasta que ya no podíamos llorar más, hasta que no nos quedaban lágrimas que derramar. Después, más avanzada la noche, nos miramos a los ojos y dijimos: «Podemos con esto». No queremos pasarlo, pero podemos con esto, con esta aflicción, este dolor, esta devastación, porque sabemos que no tenemos que hacerlo con nuestras propias fuerzas. Podemos hacerlo como cristianos, como un hijo y una hija del Padre que sabe lo que es perder un hijo.

Viajamos toda la noche para llegar a Louisville y estar juntos como familia. Y te pedimos que nos recuerdes en tus oraciones mientras, juntos, hacemos duelo por nuestra pérdida. Sabemos que vendrán días extenuantes y noches en vela pero, por ahora, aunque nuestras mentes están desconcertadas y nuestros corazones rotos, nuestra esperanza está firme y mantenemos nuestra fe. Nuestro hijo está en casa.

—Entrada del blog en Challies.com

Prólogo

«Hicimos todo lo posible»

Aquella noche sucedieron cosas que apenas puedo recordar y mucho menos describirlas con detalle. Gran parte de la situación ha desaparecido de mi memoria, gracias a Dios, y debe haber sido borrada por algún tipo de mecanismo de defensa interno. Lo que quedan son fragmentos sueltos, viñetas diminutas. Recuerdo la llamada telefónica que cualquier padre teme recibir, esa en la que un doctor dice: «Hicimos todo lo posible». Recuerdo el llanto de angustia de una madre a quien le acaban de decir que su hijo ha muerto y el gemido penetrante de una hermana que se ha enterado de que su hermano no regresará nunca más a casa. Recuerdo el rostro traumatizado de otra hermana que vio a su hermano desvanecerse y morir ante sus propios ojos. Recuerdo palabras de incredulidad que salieron de mi propia boca: «Mi hijo. Mi hijo. Mi pobre, pobre hijo». Esos son momentos sagrados, recuerdos inolvidables, que es mejor dejarlos donde están, enterrados en el interior, para que surjan solamente en medio de escenas retrospectivas infrecuentes y sueños molestos en la noche.

Sin embargo, aunque los cielos se oscurecieron esa noche, comenzaron a aparecer destellos de luz distantes, porque en medio de la aflicción también recuerdo el amor. Los amigos corrieron a nuestro lado, invocados por las únicas palabras que podíamos pronunciar: «Los necesitamos». Mientras llorábamos juntos, ellos comenzaron a consolarnos, a declarar las verdades más sublimes a nuestras aflicciones más profundas. Un poderoso coro de oración por nosotros comenzó a elevarse hasta los cielos. Mientras permanecíamos sentados en medio de una incredulidad paralizante, se levantó en nuestro interior una determinación de soportar bien esa aflicción, de enfrentarla con fe. Las piezas encajaron en su lugar, de modo que pudimos salir de inmediato de nuestra casa en Canadá para estar con nuestra hija en Louisville. En medio de toda la situación, Dios fue muy tierno, muy bueno y estuvo muy presente, a través de su Espíritu y de su pueblo.

En algún lugar de los cielos de Ohio, en la tenue luz de un avión en penumbras, comencé a escribir. A menudo he dicho que no sé lo que pienso ni lo que creo hasta que escribo sobre ello. Escribir es mi manera de meditar, de reflexionar, de trazar cada viaje de la vida. Por lo tanto, cuando la aflicción aún estaba fresca en mi corazón, cuando las lágrimas aún brotaban de mis ojos, cuando a duras penas sabía diferenciar entre arriba y abajo, entre aquí y allá, comencé a escribir. Tenía que escribir porque debía saber qué pensar y qué creer, qué sentir y qué hacer. Tenía que saber si enfurecerme o adorar, si correr o postrarme, si abandonar o continuar. Tenía que saber cómo consolar a mi esposa, cómo consolar a mis hijas, cómo apuntalar mi propia fe. Así que puse los dedos en el teclado y la pluma en el papel para descubrirlo.

Escribí por mi familia. Escribí por mis amigos. Escribí por mí mismo. Escribí mi alabanza y mi lamento, mis preguntas y mis dudas, mi tristeza y mi gozo. Escribí en medio de las profundidades de la tristeza y las alturas del gozo, en medio de temores terribles y de un dolor agónico. Escribí a través de Estaciones de aflicción.

Algo de lo que escribí en el año que siguió a esa noche lo compartí públicamente en mi página web: Challies.com., pero la mayor parte no la escribí. En este libro trazo mi marcha por las cuatro estaciones, comenzando por el otoño y avanzando a través del invierno, la primavera y el verano. Termina exactamente un año después de comenzar, en el primer aniversario de la muerte de mi amado hijo, Nicholas Paul Challies.

Otoño

CAPÍTULO 1

Antinatural

Esta mañana desperté con lágrimas en los ojos. Desperté pensando —¿o acaso estaba soñando?— en un día hace mucho tiempo atrás cuando Nick era solo un niño. Tenía tres años de edad en ese entonces y acababa de ser consciente de la existencia de la muerte; sin embargo, su capacidad de hacerse preguntas y temer era mucho mayor que la de comprender.

Aileen estaba en un estudio bíblico ese día y se había llevado a la pequeña Abby con ella, así que Nick y yo teníamos tiempo para nosotros. Nos sentamos en el sofá a ver juntos una película infantil e inevitablemente, a medida que llegaba a su fin, uno de los personajes principales murió. Me encontraba observando a Nick, al igual que la película, mientras todo se desarrollaba. Pude notar que su cuerpo comenzaba a temblar a medida que el triste fondo musical iba *in crescendo* y que empezaban a formarse lágrimas en sus ojos al ver a los seres queridos juntarse alrededor

3

de su amigo caído. Pude observar que su rostro comenzaba a fruncirse y a decaer.

Se volteó hacia mí y, con lágrimas corriendo por sus mejillas, sollozó: «Papi, ¿por qué tuvo que morir? ¿Cuándo va a volver a vivir?». Halé tiernamente a Nick a mi regazo y, sosteniéndolo con firmeza entre mis brazos, le hablé del cielo. Le dije que el cielo es el lugar donde vive Dios, donde no hay más luchas ni muerte y donde no hay más tristeza. Le dije que es un sitio en el que los niños y sus papás pueden estar juntos por siempre. Él intentaba entenderlo, pero ¿cómo iba a comprender, la mente de un niño de tres años, un concepto tan antinatural como la muerte y otro tan maravilloso como el cielo?

Así que nos sentamos en el sofá y lloramos juntos. Nick apoyó la cabeza sobre mi regazo y lloramos por algo que él no podía entender, algo que no fue creado para entender. Acaricié su cabello y lloré por este mundo: uno que fue creado perfecto, pero que desde hace mucho tiempo fue estropeado por el pecado y la muerte. Lloré porque un simple niño tuviera que preocuparse por cosas tan tristes, tan siniestras, tan trágicas.

Le pregunté a Nick si podía orar con él. Limpiándose las lágrimas de sus mejillas, me dijo que sí y cerró sus ojos. Así que le pedí a Dios que ayudara a Nick a entender que la muerte no es algo que debemos temer si lo amamos a él. Rogué a Dios que Nick confiara en que Jesús perdona sus pecados y, por supuesto, le pedí que lo consolara para que su joven corazón no estuviera angustiado, sino en paz.

Más adelante en ese mismo día, me senté en mi despacho y escribí estas palabras: «Desearía poder explicarle a mi hijo el deceso de la muerte lograda por el fallecimiento de Jesucristo. Me gustaría poder hacerle entender que, si pone su confianza en Jesús, no tiene nada que temer ni en la vida ni en la muerte. Espero, confío, y es mi oración, que ese entendimiento llegue a su debido tiempo, para que cuando algún día los ojos de Nick se cierren al morir, él y yo nos reunamos en ese lugar donde la muerte ya no existirá más, donde no habrá más tristeza, dolor o aflicción, y donde Dios ya habrá enjugado las lágrimas que llenaron sus ojitos».

Nunca me habría imaginado que no iba a ser yo quien esperaría a Nick en el cielo, sino que sería él. Sin embargo, estoy seguro de que lo hará, porque pocos años después de esa situación, él decidió vivir conforme a la fe cristiana y con el propósito de dar a conocer la bondad y la misericordia de Dios. Él puso su fe en Jesucristo. Decidió creer que Jesús podía darle sentido y propósito a su vida, así como también un futuro bueno y glorioso después de su muerte. Por supuesto, no sabía qué tan corta sería esa vida ni cuán cercano estaba ese futuro. No lo podía saber, pero eso no le impidió prepararse.

Nick tenía la confianza y la firme convicción de que cuando su cuerpo muriera, su alma seguiría viviendo; que cuando su cuerpo fuera enterrado en la tierra, su alma partiría para estar con Dios. Y, aunque por un tiempo el cuerpo y el alma estarían separados, llegaría un día en el que se volverían a unir. La esperanza que le ofrecía su fe cristiana no es la de un futuro en el que la humanidad se convierte en almas incorpóreas o en seres angelicales, o en parte del cosmos, sino en algo mucho mejor, algo mucho más apropiado para nuestra humanidad. La fe cristiana ofrece la promesa de un futuro en el que esta tierra será renovada y restaurada, en el que serán consolados todo dolor y aflicción, en el que todo mal y todo pecado serán eliminados. Y en este glorioso contexto es donde nuestro cuerpo y nuestra alma se unirán para poder vivir aquí en este hermoso mundo, pero sin temor a la enfermedad, sin miedo a la aflicción, sin necesidad de que niños de tres años lloren por la muerte, sin posibilidad de que hombres de veinte años se desplomen repentinamente y mueran.

No era mi deseo que Nick tuviera una vida tan corta. No es mi deseo que ahora tenga que continuar sin él. La pérdida es más dolorosa que cualquier cosa que he conocido hasta ahora y me hace llorar desde lo más hondo de mi ser. Pero no puedo afligirme, ni lo haré, como alguien que no tiene esperanza, que no tiene confianza, que no tiene seguridad, porque tengo una gran esperanza, una gran confianza y una gran seguridad, pues Nick estaba preparado. Aunque era joven, estaba listo para morir. Había arreglado la condición de su alma. Se había preparado para el día de su muerte.

Por eso sé, en lo más hondo de mi corazón, que he dicho adiós *por ahora*, que me he despedido *por un rato*, que Nick no ha sido *despedido,* sino que solamente se ha *adelantado* al lugar donde la muerte ya no existe; donde ya no hay tristeza, dolor ni aflicción; donde Dios ya ha enjugado toda lágrima; y donde mi hijo espera ahora seguro y paciente hasta que su padre lo acompañe.

CAPÍTULO 2

Obituario

Corrió bien su corta carrera

Nicholas Paul Challies nació en el hospital Hamilton's McMaster el 5 de marzo del año 2000. Fue pionero en muchas cosas: el primer hijo varón de Tim y Aileen, el primer nieto de Mike, Marg, John y Barbara, el primer sobrino de Andrew, Maryanne, Emily, Susanna y Grace.

Cuando Nick tenía solo unos meses de vida su familia se asentó en Oakville, un barrio a las afueras de Toronto, donde más adelante lo acompañaron Abby —en el año 2002— y Michaela, en 2006. Era un niño callado y atento que valoraba a un pequeño grupo de amigos y una gran biblioteca de libros. Tenía la precocidad que a menudo se produce por ser el primogénito y el sentimiento de responsabilidad que llega, a veces, por ser el hermano mayor. Era leal a su familia, bueno con sus hermanas y honraba a sus padres.

Algo fundamental en la vida de Nick era su fe cristiana. Cuando aún era joven, decidió que sería poco sincero si solo imitaba a sus padres en sus convicciones religiosas, así que comenzó una investigación independiente para decidir por él mismo si valía la pena o no creer en el evangelio. Finalmente, llegó al convencimiento de que Jesucristo es el Salvador del mundo y que él tenía que ser un seguidor suyo. Profesó su fe, fue bautizado y recibido como miembro de la iglesia Grace Fellowship, donde adoraba y servía con alegría.

Cuando le llegó el momento de pensar en una vocación, descubrió que su corazón estaba puesto en el ministerio pastoral. Su búsqueda de un seminario lo llevó a Louisville, Kentucky, a las instituciones gemelas de Boyce College y el Seminario Teológico Bautista del Sur. En 2018, se inscribió en un programa acelerado, que le permitiría terminar en solo cinco años una licenciatura en Boyce y al mismo tiempo una maestría en el seminario. Se esforzó mucho, con la determinación de terminar pronto, y estaba encarrilado para acabar en tan solo cuatro años. Era un estudiante diligente que desarrolló un cariño especial por los estudios del Nuevo Testamento y del idioma griego. También caminaba a pasos agigantados relacionalmente, desarrollando muchas amistades significativas, convirtiéndose en ayudante de consejero residente y consejero de estudiantes internacionales, y asumiendo el papel de mentor con varios de los estudiantes más jóvenes.

Poco después de llegar a Louisville, Nick se enamoró de Anna Kathryn Conley, conocida como «Ryn». Comenzaron una relación en 2019, y Nick le puso un anillo de compromiso en el dedo al comenzar su tercer año de carrera. Fijaron el día de su boda para el 8 de marzo de 2021.

El 3 de noviembre de 2020, mientras participaba en una actividad deportiva con su clase, Nick se desmayó de manera súbita e inesperada. A pesar de los mejores esfuerzos de sus amigos, de los servicios de emergencia y los doctores de urgencias, no pudieron reanimarlo.

Todo aquel que tuvo el privilegio de conocer a Nick lamentó su muerte y lo recuerda con mucho cariño. Todo el que comparte su fe lo elogia por correr bien su corta carrera, y todos esperan el día en que volverán a verlo. Sus padres, sus hermanas y su novia dicen, entre lágrimas: «El Señor da, y el Señor quita; bendito sea el nombre del Señor».

CAPÍTULO 3

En la oscuridad
más profunda

Una vez, mi tío me preguntó si me gustaría pasar una tarde con él navegando. Él había finalizado recientemente la restauración de un barco, uno de esos al estilo de los antiguos vikingos, por lo que estaba deseoso de ver cómo funcionaba. Lanzamos el *Perle*, su pequeño *faering* noruego, en uno de los innumerables lagos del este de Ontario, lo abordamos y salimos a navegar. Las velas atrapaban el viento y nos dirigíamos firmemente rumbo al oeste. Pero, según avanzaba el día y las sombras se extendían, el viento se detuvo y con él nuestro avance. Con la caída de la noche se asentó una calma mortal, y las nubes aparecieron cubriendo la luna y las estrellas. Ahora estábamos varados en el lago y sin viento que nos impulsara, sin puntos de referencias que nos guiaran. Bajamos las velas, agarramos los remos, pusimos la proa en dirección a casa y comenzamos a remar. ¿Qué otra cosa podíamos hacer?

La noche que murió Nick la oscuridad se apoderó de mí. Hasta ese momento, mi vida en general había sido fácil y brillante, pero el mundo que me rodeaba comenzó a confundirse al escuchar que se había desmayado, y se hizo aún más sombrío cuando me dijeron que lo habían llevado rápidamente al hospital. Cuando el doctor declaró su muerte, fue como una pesada oscuridad que se arrastró y se asentó a mi alrededor, nublando mis sentidos, atrapándome entre sombras. Aunque mis ojos quizá se mantuvieron claros, no le sucedió lo mismo a mi mente, ni tampoco a mi corazón. Todo se apagó y se distorsionó. Cosas que deberían ser fáciles son difíciles. Mi memoria se llenó de agujeros. Perdí la capacidad de tomar decisiones. Me sentí perdido, confuso, desconcertado y muy cansado.

Recuerdo que he oído a personas hablando de que, en momentos de un gran trauma emocional, fueron sobrecogidas por una especie de opacidad, una sensación de conmoción. Me aflijo cuando las recuerdo diciendo que eso duró semanas o incluso meses. Una vez me resbalé sobre unas rocas del mar y supe, por el inequívoco *crujido* que escuché, que me había roto el brazo. Lo que me fascinó fue que, durante unos minutos, no sentí nada. Solo cuando la adrenalina desapareció y se aclaró la conmoción fue que el dolor progresó hasta convertirse en un malestar agudo. Parece que el cuerpo tiene ese modo de protegerse. Quizá la mente y el corazón también tengan su propia manera de hacerlo. Tal vez esa oscuridad sea una bendición, un velo de protección.

En medio de esa neblina, aún no llego a creer que Nick ya no está. No confío en mí mismo para creerlo. Aunque soy yo quien escribió su obituario, a menudo me encuentro leyéndolo una y otra vez para asegurarme de que todo es verdad. He llegado al punto de pellizcarme, de pedirle a Aileen que me asegure que estoy despierto. ¿Qué sucedería si me hubiera quedado dormido y todo esto fuera solo un sueño espantoso? ¿Y si me hubiera enfermado y esto fuera una especie de pesadilla febril? ¿Y si me hubiera tomado la pastilla equivocada y resulta que estoy padeciendo alucinaciones? ¿No son estas situaciones más probables que el hecho de que un joven se desplome muerto? Escribo el nombre de Nick en mi computadora y encuentro esta historia en las noticias: «Los afligidos estudiantes de Boyce College lloran la repentina muerte de Nick Challies».[1] Así que es cierto; sin embargo, de algún modo, no me extrañaría si sonara mi teléfono, viera su nombre en la pantalla y escuchara su voz. Me debato entre creerlo y no creerlo, entre la certidumbre y la duda. No sé qué pensar. No sé qué hacer. No sé qué sentir.

Ni siquiera sé qué sentir en cuanto a mi fe, a mi Dios. Debería orar, ¿verdad? Pero no encuentro nada que decir. Debería abrir mi Biblia, ¿cierto? Pero no puedo enfocarme en las palabras. Mis ojos van de un lado a otro deprisa, repasando los capítulos y los versículos, pero sin detenerse lo suficiente para poder absorber algo. Siento mucho y poco. El malestar es agudo y tenue. Me retuerzo de dolor en la agonía y me quedo quieto, tumbado, llorando y riendo, gozándome y lamentándome. ¿Qué debería hacer? ¿Cómo puedo orientarme cuando todo es tan borroso, tan opaco, tan oscuro?

Mi mente se remonta a aquella noche en el lago hace muchos años. La oscuridad era profunda y el viento estaba en calma. Podíamos llegar a casa solamente remando. Lo extraño acerca de remar es que hay que tirar de los remos, no empujarlos, así que solo se puede avanzar cuando el remador le da la espalda a su destino. Yo le di responsablemente la espalda al hogar y me esforcé en tirar de los remos. Mientras remaba, mi tío fue a la proa y agarró el timón. Al tiempo que yo observaba, su mano experimentada nos guiaba por las aguas que eran tan extrañas para mí, pero familiares para él. Él dirigió el barco por los peligrosos bancos de arena, bordeando las rocas salientes, atravesando los estrechos canales. Yo seguía de espaldas cuando llegamos a aguas seguras, profundas y abiertas. Su mano aún estaba puesta en el timón cuando la proa finalmente tocó la orilla y llegamos a casa.

Sé que me dirijo a un futuro totalmente desconocido, en absoluto extraño, por completo turbio. Me dirijo a un futuro que no puedo ver y que no veré hasta que se haya convertido en presente y este se convierta en pasado. Un hombre sabio dijo una vez que la verdadera victoria de la fe es confiar en Dios en la oscuridad y en medio de ella.[2] Confié en Dios mientras me guio por la luz del día; confiaré en él ahora, mientras me dirige por la oscuridad más densa. Tal vez no seré capaz de ver el camino que recorro, pero no necesito conocerlo, porque mis ojos están fijos en aquel que me está guiando hasta allí. Me ha dado razones de sobra para confiar en él. Incluso me ha dado motivos para confiar en que él afirmará mi camino hasta que la quilla de este barco curtido y erosionado finalmente haya encallado en la orilla de la gloria y haya llegado a casa.[3]

CAPÍTULO 4

Buenas noches,
hasta entonces

«Señor Challies, queremos que sepa que se nos ha confiado el cuidado de Nick. Tenga por seguro que está en las mejores manos».

El mensaje del director de la funeraria supone un alivio, porque significa que el largo y solitario viaje de Nick terminó. Aunque no pueda arribar a casa, su cuerpo —al menos— ha llegado de regreso a su país, a su ciudad. No es como lo hubiéramos esperado. No es como nos lo habíamos imaginado. No es como desearíamos, sino como Dios lo quiso.

«¿Ha elegido usted la ropa que quiere que lleve puesta?».

La pregunta parece importante y ridícula en proporciones iguales. ¿Cómo va a importar lo que lleve puesto en un ataúd cerrado? Sin embargo, ¿cómo no vamos a vestirlo con algo elegante, digno, adecuado a su humanidad?

Escogemos un jersey gris elegante, unos *jeans* muy usados, calzado informal. Rebuscando en el sótano, encontramos una bolsa donde llevarlo todo. Doblamos cada prenda de ropa cuidadosamente, haciendo un montón ordenado, una prenda encima de la otra.

«Una vez que lo hayamos preparado, ¿querrán verlo?».

No lo hemos visto hace tres meses, desde el inicio del semestre. ¿Deberíamos verlo por última vez?

Pensamos en la idea unos minutos, pero decidimos que no, que no queremos verlo ahí, no queremos verlo así. No queremos que ese sea nuestro último recuerdo. Tenemos recuerdos mejores, más felices. Tenemos incluso fotografías de él con esa misma ropa, fotos en las que sus ojos están abiertos y sus mejillas resplandecen. Su novia está agarrada a su brazo y a él se le ve alegre, satisfecho, contento. Si lo único que podemos tener de él son recuerdos, preferimos quedarnos con eso.

La ropa lleva junto a la puerta uno o dos días, esperando que alguien la recoja; y ahora, finalmente, el conductor está de camino. Aun así, no puedo sacudirme la sensación de que falta algo, de que he dejado algo sin hacer, incompleto.

Voy a mi oficina y abro el cajón donde guardo las hojas para escribir. Comencé a escribir cartas a Nick en los primeros días de su primer año como universitario: algunos consejos, afirmaciones de mi amor por él, palabras de ánimo. Quería asegurarme de que nunca tuviera razón alguna para dudar de mi gozo, de mi orgullo, de mi afecto. Él las guardaba todas. Las encontré juntas guardadas en una bolsita en el escritorio de su cuarto en la universidad. Quizá, entonces, sería apropiado escribirle una más.

En el fondo del cajón encuentro una tarjeta con mi nombre estampado en relieve. Adecuada. Hago una pausa rápida y pienso: ¿Hay alguna buena razón para escribir una carta que nadie leerá jamás? ¿Estoy escribiendo para él o para mí? ¿Realmente valdrá de algo?

Vuelvo a pensar en palabras que ya había escrito un año antes, palabras de un padre reafirmando a su hijo, alegrándose en su hijo. Ahora las escribo por segunda vez:

> Te amo tanto como cualquier padre puede amar a
>   un hijo;
> Estoy tan orgulloso de ti como cualquier padre puede
>   estarlo de su hijo;
> Te extraño tanto como cualquier padre puede extrañar
>   a un hijo.

Sigue faltando algo, pero ¿qué es? Vienen palabras a mi mente, la letra de un viejo himno, olvidado para la mayoría pero precioso para mí. Es un himno escrito desde la perspectiva de un cristiano que está llegando a ese brevísimo momento que existe entre la vida y la muerte. Lo entono en voz baja para mí mismo.

> Marcho con gozo
> Desde este oscuro valle de lágrimas;
> Hacia el gozo y la libertad celestial,

De ataduras y temores terrenales;
Donde Cristo, nuestro Señor, reunirá
A todos sus redimidos de nuevo,
Para que hereden su reino.
¡Buenas noches, hasta entonces!
¡Buenas noches, buenas noches, buenas noches, hasta
entonces!

El himno continúa con una segunda estrofa. A medida que este querido santo llega a su último aliento, ofrece una tierna seguridad a sus seres queridos:

¿Por qué esos tristes sollozos,
Amados de mi corazón?
El Señor es bueno y compasivo,
Aunque ahora nos pida que nos separemos.

Después, hay palabras apropiadas para el que parte y para el que se queda. Son justas. Perfectas. Agarro mi pluma y escribo palabras que imagino que Nick me está diciendo, aunque sea yo quien se las esté diciendo a él:

A menudo hemos compartido alegrías,
Y nos volveremos a ver,
Todas las tristezas habrán quedado atrás
¡buenas noches, hasta entonces!
¡Buenas noches, buenas noches, buenas noches, hasta
entonces![1]

«¡Te amo siempre: papá», añado. Después, doblo el papel y lo pongo con ternura en su bolsillo. Despacio, paso la mano por el jersey, sintiéndolo una última vez, lo más cerca que puedo estar de sentirlo a él una última vez. «Buenas noches, hijo mío», susurro. «¡Buenas noches, hasta entonces!».

CAPÍTULO 5

De la tumba a la gloria

Mi vida no ha conocido un momento más difícil que este. Mi corazón no ha conocido una aflicción más profunda que esta. Nada podría ser más definitivo, nada podría ser más aleccionador, nada podría ser más demoledor que ver cómo hacían descender el féretro de mi hijo, palmo a palmo, metro a metro, hasta que finalmente reposó en el fondo de una tumba. Su tumba. Su lugar de descanso final. Yo estoy de pie con los brazos rodeando a mis dos hijas, con lágrimas recorriendo mis mejillas, con la confusión devastando mi corazón. Mi pobre hijo. Mi precioso hijo. Oigo al pastor decir las palabras: «Polvo eres y al polvo volverás». Una parte de mí está siendo enterrada. Una parte de mi corazón. Una parte de mi alma. Una parte de mi propio ser.

Sin embargo, aunque todo esto es cierto, en medio de la muerte, en medio de la tristeza, en medio de los sollozos, puedo sentir que algo se levanta, que algo crece. En lo más hondo de la oscuridad, casi imperceptiblemente, algo está empezando a surgir. Es una esperanza. Es un anhelo. Es una determinación. Aunque mis ojos están fijos en la tierra, mi corazón está fijo en Cristo.

El cementerio está a las afueras de la ciudad y, justo al otro lado, está lo que queda de la tierra de cultivo. Aunque la mayor parte de ese terreno hace mucho tiempo que cayó en manos de constructores, unos decididos granjeros se mantuvieron firmes y siguen trabajando sus campos. Hace solo unas semanas, en los últimos días del verano, cuando el clima está empezando a pasar de cálido a frío, sus tractores comenzaron a cruzar esos campos, sembrando uniformemente semillas frescas.

Podría haber parecido extraño que los agricultores sembraran las semillas en una época tan avanzada del año, cuando la tierra ya está comenzando a endurecerse y la nieve pronto enterrará los campos bajo grandes acumulaciones. Sin embargo, ellos no se equivocan, porque están sembrando su trigo de invierno. Trigo que se planta en los últimos días del verano y queda enterrado durante los meses fríos y oscuros. En los días de Acción de Gracias, Navidad, Año Nuevo y Semana Santa puede parecer que se han esforzado en vano, pero los agricultores son inteligentes y saben que, cuando el invierno termine, cuando la nieve se derrita y la tierra se caliente, ese trigo cobrará vida, brotará y crecerá. Lo que se siembra en la época del frío y la oscuridad será una cosecha abundante en la estación del calor y la luz.

Jesús dijo en cierta ocasión: «En verdad les digo que si el grano de trigo no cae en tierra y muere, se queda solo; pero si muere, produce mucho fruto».[1] Para que haya fruto, primero debe haber muerte. Cuando los escépticos confrontaron al temprano líder cristiano Pablo, acerca de la resurrección, él se hizo eco de las palabras de su Salvador: «Lo que tú siembras no llega a tener vida si antes no muere».[2] Para que una semilla o un grano crezca, primero se debe enterrar en el suelo, donde a todo el mundo le parece que ha muerto. Sin embargo, mediante el proceso de la «muerte», es cuando verdaderamente cobra vida. Para que una semilla se convierta en una planta, para que dé fruto, para que realmente viva, primero debe morir. Y ocurre lo mismo con los seres humanos.

La esperanza que surge en mi corazón mientras veo a mi hijo siendo sembrado en la tierra es la esperanza de la resurrección. No es una expectativa endeble y superficial, sino una convicción segura y firme de que lo que se siembra en corrupción resucitará en incorrupción, lo que se siembra en deshonra resucitará en gloria, lo que se siembra en debilidad resucitará en poder.[3]

Creo y profeso, junto con mi hijo y con la iglesia de todos los siglos, que Jesucristo fue crucificado, murió y fue enterrado. Pero también creo que al tercer día resucitó de la tumba, ascendió al cielo y ahora está sentado a la diestra de Dios Padre todopoderoso, que pronto juzgará y reinará para siempre.[4] La resurrección de Cristo es el prototipo y la garantía de cada uno de los cristianos, porque el cuerpo de Cristo también quedó sin vida, también fue engullido por la tierra, también comenzó a descomponerse y a sufrir los efectos de la muerte. Pero él fue como una semilla enterrada en la tierra, ya que enseguida una nueva vida sobrevino a su muerte. Su alma regresó a su cuerpo, el aire a sus pulmones, el latido a su corazón. Fue resucitado en poder, resucitado en gloria, resucitado incorruptible. Él es las primicias de una cosecha venidera.

Esos agricultores que siembran los campos en los últimos días del verano no se preocupan por lo que sucederá con sus cosechas durante el invierno. Saben que la siembra y la cosecha, el frío y el calor, el verano y el invierno, el día y la noche, son ciclos que no cesan.[5] Esperan pacientemente y con confianza, sabiendo que pronto las estaciones cambiarán, el sol calentará, la tierra se descongelará y su trigo de invierno crecerá convirtiéndose en una gran cosecha de verano. Ese día no habrá ni un solo tallo en todo el campo que no haya tenido que ir primero a la tierra y «morir» durante el frío invierno.

Puedo aprender de la confianza de ellos, porque así como la muerte es la entrada a la vida para un grano de trigo, la muerte es la entrada a la vida para el alma de un ser humano. Puedo estar seguro de que, ahora mismo, aunque el cuerpo de Nick está siendo sembrado en la tierra, su alma ha entrado en las sagradas estancias del cielo donde solo están los que alcanzaron la gloria mediante la tumba.[6] Hay vida después de la muerte, pero esa vida debe llegar mediante la muerte.

CAPÍTULO 6

Dormido en Jesús

Cuando Nick era muy pequeño, a menudo tenía que acariciarle su cabeza para conseguir que se durmiera. Comenzaba poniéndole la mano en la coronilla, donde su fino cabello estaba empezando a crecer, después la movía poco a poco hacia su frente y se la pasaba suavemente por los ojos para que los cerrara. Cuando llegaba a su barbillita, volvía a hacer el recorrido con la mano pero esta vez a la inversa, y después repetía el movimiento una y otra vez. Con lentitud, sus ojos se volvían cada vez más pesados, su cuerpo se relajaba gradualmente y, al final, se quedaba dormido en mis brazos.

La Biblia usa distintas metáforas para describir la realidad de la muerte, pero ninguna es tan familiar y consoladora como la imagen de dormir. Cuando Jesús escuchó la noticia de que su amigo Lázaro había muerto, dijo: «Nuestro amigo Lázaro se ha dormido». Esteban, al enfrentar la ira de la turba, clamó con gran voz y después «durmió». A Pablo le preocupaba que la iglesia de Corinto, en apuros, pensara erróneamente que los creyentes que murieron habían perecido en vez de simplemente haberse quedado dormidos.[1] Por lo tanto, para usar el lenguaje de la Biblia, Nick «se quedó dormido» hace poco tiempo.

Dormido. Es una idea que consuela, porque el sueño es un amigo de la humanidad, no un enemigo. Cuando yo estoy cansado, anhelo poder dormir. Cuando siento nostalgia, ansío regresar a la comodidad de mi propia cama. Cuando estoy enfermo, deseo cubrirme y estar bajo la calidez de las mantas. El sueño promete alivio de gran parte de lo que nos angustia y aflige. La noche y la cama me llaman cuando termina cada uno de los largos días, extendiéndome una cálida invitación a apoyar mi cabeza cansada sobre la almohada y simplemente dormir.

Me aferro a la realidad de que Nick está dormido. Este peregrinaje es muy difícil, esta vida muy tediosa y nuestro enemigo implacable. Es una tarea extenuante pelear la larga guerra contra el mundo, la carne y el diablo, por lo que me consuela saber que él está descansando de todo eso. Sus cargas han sido aliviadas, sus ojos enjugados y sus cansados pies calmados. Al dormirse a una edad tan joven ha evitado mucho dolor por la pérdida, muchas punzadas de tristeza y muchos dolores de envejecimiento. Ha sido liberado de los pecados que lo tentaban y del desprecio hacia sí mismo que tantas veces lo perseguía. Se ha escapado de este lugar de cansancio y se ha ido a un lugar de descanso. El poeta Ben Jonson escribió estas palabras tras la muerte de su primogénito:

¿Lamentará el hombre el estado que debería envidiar?
¿Haber escapado tan pronto a la ira de la carne y del
    mundo, y sin ninguna otra angustia que la edad?

Así, le pudo susurrar a su hijo «descansa»:

Descanse en suave paz y, si le preguntan, que diga:
    «Aquí yace Ben Johnson, su mejor pieza de poesía».[2]

Como el benjamín del poeta, mi Nick está descansando.
Está dormido. Y, sin embargo, me alivia saber que es meramente
su cuerpo el que duerme, no su alma. Aunque su cuerpo está
en la tumba, su alma se ha ido para estar con Cristo, el Cristo
que una vez aseguró a un hombre moribundo: «Hoy estarás
conmigo en el paraíso».[3] No algún día, sino hoy, ¡ese mismo
día! No hubo ni un solo momento perdido entre el instante en
que Nick se quedó dormido en la tierra y su despertar en el cielo.
No habían terminado de cerrarse sus ojos cuando ya se habían
abierto allá, para estar cara a cara con el Salvador de su alma.
El apóstol Pablo insistió en que «el vivir es Cristo y el morir es
ganancia».[4] Hay una ganancia que se obtiene en la muerte, la
que se produce cuando somos liberados de todo lo malo y despertamos a todo lo bueno. Yo no haría regresar a Nick otra vez a
este mundo si pudiera, porque eso sería robarle la mayor de todas
las ganancias y forzarlo a experimentar mucha pérdida.

Mi mente va y viene a los días en que Nick tenía cuatro o
cinco años. Pasó por una fase en la que de repente le aterraba
quedarse dormido y luchaba por mantener sus ojos abiertos,

por tener claros sus sentidos, por seguir despierto. La noche acechaba como un enemigo que quería devorarlo, no como un amigo que le daba la bienvenida. Yo sabía que sus temores eran infundados, que se dormiría solamente lo que durara la noche y después despertaría, refrescado por la luz de la mañana. Pero él era solo una cosita con una mente infantil y una gran imaginación. Mi corazón de padre se acercaba a él con compasión. Me echaba a su lado en su camita, con mi cuerpo presionado por el suyo. Le cantaba, oraba con él y acariciaba suavemente su espalda hasta que sus temores desaparecían, hasta que su corazón se tranquilizaba, hasta que finalmente se volteaba y descansaba. Entonces me levantaba despacio, lo tapaba suavemente con las sábanas una vez más, le daba un beso aún más tierno en la frente, y lo dejaba que durmiera profundamente y seguro toda la noche.

Sé que Nick está otra vez simplemente dormido, brevemente dormido, porque el sueño es un estado temporal, no permanente. Dormimos un rato, pero no para siempre. Descansamos durante las vigilias de la noche, pero despertamos con el alba. En este momento, el cuerpo de Nick descansa en la tierra de la que fue formada la humanidad. Tal vez resida ahí por meses, o años, o siglos, pero tengo la plena certeza de que llegará el día en que el sonido de una trompeta sonará desde el cielo, cuando la voz de un arcángel estremecerá la tierra y, en ese mismo instante, Nick despertará.[5] Se levantará de su descanso. Su cuerpo dormido será resucitado para reunirse con su alma viviente, y estará vivo para siempre por toda la eternidad. ¡Él despertará! ¡Vivirá! *Maranata* ha sido el clamor del pueblo de Dios por milenios.[6] «¡*Maranata*! ¡Ven, Señor Jesús! ¡Ven pronto!». ¡Ven y despiértalo de su sueño!

CAPÍTULO 7

Dios es bueno
todo el tiempo

Escuché acerca de un anciano, un incondicional de la fe cristiana, que partió de la tierra al cielo con las palabras de la canción infantil «He decidido seguir a Cristo, no vuelvo atrás» en sus labios. He escuchado el relato de un reconocido teólogo que resumió la obra de toda su vida en una melodía que aprendió sobre las rodillas de su mamá: «Cristo me ama, bien lo sé, la Biblia dice así».[1] A veces, las palabras más sencillas son las más importantes. Aunque caminamos más allá de las laderas teológicas para explorar las imponentes montañas de los pensamientos y las obras de Dios, nunca olvidamos la belleza ni dejamos de necesitar la bendición de las verdades más sencillas.

En una ocasión, asistí a una iglesia donde el pastor tenía la costumbre de hacer una pausa en sus liturgias o sermones para decir: «Dios es bueno», a lo que la congregación respondía: «Todo el tiempo». Después, él decía: «Todo el tiempo» y la congregación respondía: «Dios es bueno». Era un recital de la más sencilla de las verdades: que la bondad no es un atributo ocasional de Dios ni tampoco una disposición infrecuente, sino constante. Eso tenía la intención de recordarnos que la bondad de Dios no varía con nuestras circunstancias, sino que está plenamente presente y se exhibe tanto en nuestros peores momentos como en los mejores, en nuestras experiencias más penosas y también en las más alegres. Y, aun cuando la breve frase del pastor tal vez se ha vuelto muy trillada con el paso del tiempo, aunque quizá yo me haya podido quejar de ella en el pasado, hoy o ahora mismo, no hay nada más precioso para mí, ni nada más importante que esto: Dios es bueno todo el tiempo y todo el tiempo Dios es bueno.

Esta no es la única verdad que me da aliento. He oído a personas afligidas hablar de la soberanía de Dios, repitiendo una frase conocida que la compara con una almohada sobre la que el hijo de Dios recuesta su cabeza y que le da una perfecta paz.[2] La soberanía habla del poder y del derecho a reinar. Es el atributo de reyes, soberanos u otras personas que ocupan puestos de supremacía. En definitiva, es un atributo de Dios mismo, quien gobierna el cielo y la tierra hasta tal grado, que nada sucede ni puede suceder fuera de su voluntad. No se nos da nada que no pase primero por las propias manos de Dios.[3] La soberanía de Dios es una doctrina de gran envergadura que afecta cada aspecto de la vida de cada momento de la creación y hasta cada rincón del universo. No hay ningún instante, ni lugar, ni obra, ni muerte, que esté fuera de ella.

La soberanía de Dios me ofrece consuelo en estos días oscuros. Me asegura que no hubo poder terrenal ni demoniaco, ni destino o fuerza en los cielos ni en la tierra, que se saliera con la suya con mi hijo, que interrumpiera o desbancara el plan que Dios tenía para él. No hubo momento en el que Dios le diera la espalda, o se distrajera con otros asuntos o se dormitara. No hubo deformidad médica ni anormalidad genética que se le hubiera escapado a Dios. La soberanía de Dios me asegura que, en última instancia, no fue la voluntad de nadie, sino la del propio Dios, que Nick viviera solamente veinte cortos años, que muriera con tanto por hacer, que se haya ido y que nos hayamos quedado sin él. Cuando Job se enteró de la muerte de sus hijos, no dijo: «El Señor dio y *el diablo* quitó», sino «El Señor dio y *el* Señor quitó». Y con esa certeza bendijo el nombre del Señor.[4]

Sin embargo, aunque la soberanía de Dios ofrece consuelo, lo brinda solo si sé algo más, algo de su carácter. A fin de cuentas, Dios podría ser soberano y caprichoso. Podría ser soberano y egoísta. Podría ser soberano y arbitrario. Podría ser soberano y malvado. Así que por esta razón, pregunto: «¿Qué más es cierto acerca de Dios?».

Si estoy recostando la cabeza sobre alguna almohada en estos días, es la almohada de la bondad de Dios. No dejo de decirlo: «Dios es bueno todo el tiempo». Tal vez lo digo con tristeza y desconcierto, no con toda la fe del mundo. Puede que lo diga en forma de pregunta: «Dios es bueno todo el tiempo, ¿verdad?». Pero lo estoy diciendo. No necesariamente entiendo cómo es bueno Dios en esto o por qué el hecho de llevarse a mi hijo es coherente con su bondad, pero sé que debe ser así. Si la muerte de Nick no fue un lapso en la soberanía de Dios, tampoco lo fue en su bondad. Si no hubo ningún momento en el que Dios dejó de ser soberano, no hay ninguno en el que ha dejado de ser bueno: bueno conmigo, bueno con mi familia, bueno con Nick, bueno conforme a su perfecta sabiduría. ¡Dios no puede no ser bueno!

La bondad de Dios significa que todo lo que él es y todo lo que hace es digno de aprobación, porque él mismo es el propio estándar de la bondad. Las cosas buenas son las que Dios considera que son buenas, las que considera apropiadas, las que considera oportunas. Para que algo sea bueno, tiene que conseguir la aprobación de Dios, y para que algo consiga la aprobación de Dios tiene que ser bueno.[5] Si es así, entonces ¿quién soy yo para declarar malo lo que Dios ha pronunciado bueno? ¿Quién soy yo para condenar lo que Dios ha aprobado? Soy yo el que tengo que alinear mi propio entendimiento de la bondad con el de Dios, el que tengo que confiar en lo que Dios entiende como bueno para que informe al mío. En última instancia, es estar de acuerdo en que, si Dios lo hizo, debe ser bueno; y, si es bueno, debe ser digno de aprobación. Decir «Hágase tu voluntad» es decir «Muéstrese tu bondad». Es buscar evidencia de la bondad de Dios incluso en sus providencias más difíciles. Es adorarlo a él, incluso con el corazón roto.

Hace muchos años afirmé mi vida, mi alma, mi eternidad, sobre las declaraciones de la fe cristiana. Declaré que este Dios no solo era *el* Dios, sino *mi* Dios. Reconocí su soberanía y su bondad, su derecho a gobernar de las maneras que él considere buenas, que considere que son mejores. Nunca he dudado de que la soberanía y la bondad de Dios se manifestaron al darme a mi hijo. En este momento estoy batallando por no dudar nunca de que la soberanía y la bondad de Dios se han hecho patentes al quitarme a mi hijo. Él fue un regalo que recibí con mucho gozo, con mucha gratitud, con mucha alabanza. Fue un regalo que estoy soltando con mucho dolor, con mucha tristeza, con mucha aflicción. Sin embargo, en la medida de mis fuerzas, lo estoy soltando con la confianza de pensar que, de algún modo, su muerte es una expresión de la buena soberanía de un Dios bueno. Este es el Dios que hace todo lo que le agrada y para quien todo lo que le agrada es bueno. Tal como lo bendije cuando me dio, lo bendeciré cuando me quite, porque él es bueno todo el tiempo y todo el tiempo él es bueno.

CAPÍTULO 8

Solo un espectador perenne

No hay un lugar que me guste más que las montañas, ninguno donde tenga una mayor consciencia del poder de Dios o un sentimiento más elevado de la majestad divina. Ni siquiera el cielo nocturno cuando brilla con un ejército de estrellas se compara a una imponente montaña para contemplar la auténtica grandeza. Si los cielos cuentan la gloria de Dios y el firmamento declara la obra de sus manos, seguramente también lo hacen las grandes cordilleras montañosas con sus escarpadas laderas, sus picos elevados y sus tranquilos valles. Es difícil pensar en mí de manera altiva o enorgullecerme de mis propios logros cuando estoy en silencio, humildemente, ante una evidencia tan innegable como la del poder creativo de Dios.

Con la tristeza y el caos de homenajes y funerales a nuestras espaldas, nos hemos escapado a las Montañas Rocosas de Canadá. Sentimos la necesidad de estar lejos de nuestra casa, lejos de nuestros recuerdos, lejos para tener un tiempo de reflexión, un tiempo de oración, un tiempo de descanso. Es temprano en la mañana, y Aileen y las niñas aún están durmiendo, pero me he despertado para salir a explorar. Está amaneciendo mientras manejo por una carretera solitaria subiendo, siempre subiendo, ascendiendo una de las muchas montañas de Alberta. Al escuchar un sonido familiar, me detengo en el arcén de la carretera y salgo de mi vehículo. Un arroyo alpino fluye muy cerca, precipitándose por el deshielo. Desciende a un ritmo firme, bailando sobre las rocas sólidas, a través de los troncos caídos mientras se dirige hacia un angosto camino.

Dejo mi vehículo atrás, sigo al arroyo en su descenso, notando que a veces desaparece en las hondonadas que ha creado en la faz de la montaña. A veces, su sonido se desvanece a la vez que desaparece de la vista. Pero después, rápidamente y de repente, emerge a la superficie de nuevo tras haberse ocultado, haciéndose visible una vez más y también audible. ¿Cuántos cientos de años, cuántos miles, tarda el agua en erosionar la roca? ¿Cuánto ímpetu debe tener? ¿Cuánta fuerza?

Ya me he alejado bastante. No llevo la ropa adecuada para hacer senderismo en serio, así que detengo mis pies y uso mis ojos para trazar el curso del arroyo en descenso. En la lejanía, puedo ver el punto en el cual se vierte en la falda del valle, convirtiéndose en un río que fluye suavemente hasta un lago en calma y tranquilo. Observo el contraste entre el agua en la montaña y en el valle: agua que va corriendo, enloquecida y desenfrenada, y agua pacífica, plácida y tranquila. Es el mismo líquido, pero debe soportar un arduo recorrido descendente antes de fluir tranquilamente a los pies de la montaña.

En este momento, mi alma se siente como el arroyo que cae en cascada, no como el río tranquilo en el valle. Estoy muy angustiado, dolorosamente afligido, tristemente inseguro. Las preguntas se siguen repitiendo en la mente. *¿Por qué a mí? ¿Por qué a nosotros? ¿Por qué Dios ha escogido esto para nosotros? ¿Por qué Dios nos ha escogido a nosotros para esto?*

En los rincones ocultos de mi corazón, me doy cuenta de que he comenzado a culparme. No puedo deshacerme del sentimiento de que la muerte de Nick se debió a algo que yo hice o que no supe hacer, algún pecado por mi parte, alguna falta de conformidad con la ley de Dios, o alguna rebelión contra la voluntad divina. He leído profundamente escritores de devocionales antiguos, como los puritanos y sus sucesores, y observo las muchas veces que escriben sobre las «aflicciones». A menudo atribuyen las pruebas de la vida al castigo paternal de Dios, a la corrección divina diseñada para desviarnos de un camino destructivo. En definitiva, ¿acaso el Señor no disciplina a los que ama y corrige a cada hijo que recibe?[1] *¿Es posible que la muerte de Nick sea una disciplina de Dios para mí? ¿Podría ser que Nick fuera algún tipo de ídolo en mi vida y Dios se lo llevó para que no me aferrara a él? ¿Podría todo eso ser culpa mía?* Me persiguen estos pensamientos y preguntas.

Y, entonces, las montañas me dan la respuesta. Me recuerdan mi propia pequeñez, mi propia insignificancia. Yo no estoy entronado en el centro del mundo como tampoco lo estaba en el centro de la existencia de Nick. Él era su propio hombre, su propio individuo. Él era más hijo de Dios que mío, creación de Dios más que mi procreación. La muerte de Nick fue principalmente una transacción entre Dios y Nick, no entre Dios y yo. En cierto sentido siempre fui solo un espectador en su vida e igualmente en su muerte. En realidad, ni siquiera Nick estaba entronizado en el centro de su propia existencia. Él existía según el plan y el propósito de Dios para promover el plan y el propósito de Dios. Dios estaba en el centro de la vida de Nick, lo cual significa que los propósitos de él están en el centro de la muerte de Nick. Por todo lo que sabemos del carácter de Dios y su postura hacia su creación, y especialmente hacia sus hijos, esos propósitos deben ser buenos, porque Dios no puede hacer el mal, no desea hacer lo malo, no quiere nada malo.

No quiero decir con eso que no me gustaría conocer los propósitos de Dios o que no me vea tentado a especular. Podría ser que Dios se llevó a Nick por puro deleite en él. Después de todo, si yo me deleitaba en el hijo que había recibido de manos de Dios, ¿cuánto más debe haber en el corazón del Dios que lo creó? O podría ser que Dios se llevó a Nick para evitarle alguna otra cosa. ¿Acaso no sucedió muchas veces que yo, como padre, le infligí algún dolorcito a mi hijo, tal vez mediante la disciplina paternal o con las agujas de las vacunas, para ahorrarle un sufrimiento mayor más adelante? ¿O podría ser que Dios se lo llevó para que muchos oyeran de su fe cristiana y fueran inspirados, o que su familia pudiera sufrir su tristeza de buena manera y testificar de la gracia de Dios incluso en medio de esta pérdida abrasadora? ¿Acaso el mundo no se burla muchas veces de los profesantes de la fe en Cristo y mira de manera escéptica cuando los cristianos sufren, esperando que en ese momento sí abandonen la fe que profesan?

Tal vez fue una de esas razones, todas ellas o muchas más, porque estoy convencido de que Dios, por lo general, lleva a cabo no una cosa, o dos o tres, sino mil o dos mil, o diez mil. Una mente pequeña como la mía no puede esperar unir todas las piezas, deshilachar todo el tapiz o encontrarle el sentido a todo el conjunto. Sin embargo, puedo tener absoluta confianza en que todo es de acuerdo al buen plan de un Dios bueno, un Dios cuyo corazón siempre ama, cuyo propósito siempre es el amor, cuyas acciones son siempre con amor, cuya naturaleza misma es el amor.

Entonces entendí que no tenía que culparme por lo ocurrido, ni intentar determinar las razones por las que Dios lo hizo, sino simplemente aceptarlo como su voluntad, que es divina, secreta y buena. Hay mucho que Dios busca enseñarme a través de esto, estoy seguro, pero tengo que ser cuidadoso para saber distinguir los propósitos y los resultados, por qué Dios lo hizo y cómo lo usará. Estoy seguro de que él usará esto para equiparme mejor, para vivir por el bien de los demás y para la gloria de Dios. Lo usará para obrar en mí un mayor amor, gozo, paz, paciencia, benignidad, bondad, fidelidad, mansedumbre y dominio propio.[2] Lo usará para conformarme aún más a la imagen de su Hijo; sin embargo, no tengo necesidad de interponerme entre Dios y Nick como si hubiera sido yo quien provocó su muerte, como si Dios se lo hubiera llevado por causa mía. Al contrario, debo permitir que su muerte me haga más piadoso y consagrado, me haga más santo, de modo que entonces ame y sirva aún más.

En lo más hondo de mí, la cascada ha caído hasta la falda del valle y se ha vaciado en las aguas tranquilas. Mi alma se ha acallado, y surge dentro de mí un antiguo himno, un canto de confianza, de paz:

> Tranquila, alma mía; el Señor está de tu lado;
> Soporta pacientemente la cruz de la tristeza o del
>   dolor;
> Deja que tu Dios ordene y provea,
> En cada cambio, él se mantendrá fiel.
> Tranquila, alma mía; tu mejor amigo, tu Amigo
>   celestial
> a través de caminos espinosos te lleva a un gozoso
>   final.[3]

Me volteo, desandando mi camino, con una antigua canción en mi corazón y un nuevo brío en mis pasos.

CAPÍTULO 9

Mi manifiesto

Por fe, aceptaré la muerte de Nick como la voluntad de Dios, y por fe acepto que la voluntad de Dios siempre es buena. Por fe, estaré en paz con la Providencia y en paz con cada uno de sus decretos. Por fe, alabaré a Dios cuando me quite igual que lo hice cuando me dio, y por fe recibo de su mano esta tristeza igual que recibo las muchas alegrías. Me entristeceré pero sin quejarme, me lamentaré pero sin murmurar, lloraré pero sin rabietas.

Aunque la muerte de Nick me marcará, no permitiré que me defina. Aunque siempre será parte de mi historia, nunca se convertirá en mi identidad. Siempre estaré agradecido de que Dios me dio un hijo y nunca me resentiré porque lo llamó al cielo. Mi gozo por haber amado a Nick será mayor que mi tristeza por haberlo perdido. No vacilaré en mi fe, ni abandonaré mi esperanza, ni revocaré mi amor. No acusaré a Dios de haber cometido un error.

Recibiré esta prueba como una responsabilidad que administrar, no como un castigo que soportar. Buscaré la sonrisa de Dios en esta situación y no su ceño fruncido, escucharé sus palabras de bendición en lugar de su voz de reprensión. Esta tristeza no hará que me enoje o me amargue, ni conseguirá que actúe con rebeldía o indignación. Al contrario, me hará más amable y cordial, más paciente y amoroso, más compasivo y empático. Desatará mi corazón de las cosas de la tierra y lo fijará en las del cielo. La pérdida de mi hijo me hará ser más como el Hijo de Dios y hará que mi dolor sea como el del Varón de dolores.

Seguiré amando a Dios y confiando en él, seguiré buscando a Dios y disfrutando de él, seguiré adorando a Dios y alardeando de sus muchas misericordias. Esperaré con anhelo el día en que Cristo regrese y con impaciencia el día de la resurrección. Me mantendré firme e inmóvil, abundando siempre en la obra del Señor.[1] Me olvidaré de lo que queda atrás y avanzaré hacia lo que está delante, siempre prosiguiendo hacia el premio del supremo llamamiento de Dios en Cristo Jesús.[2] Me desharé de todo peso y pecado que se aferre a mí y correré con paciencia la carrera que tengo por delante, mirando siempre a Jesús, el autor y consumador de mi fe.[3] Me mantendré fiel hasta que haya peleado la buena batalla y haya terminado la carrera, y mantendré la fe.[4] Moriré del mismo modo que he vivido: como un seguidor de Jesucristo. Entonces, por su gracia, partiré para estar con Jesús y estaré también con Nick.

Este es mi manifiesto.

CAPÍTULO 10

Canto en la oscuridad

«¿Cómo estás?», me han preguntado innumerables veces últimamente. Nunca sé, en verdad, qué responder. Aunque en este preciso momento tal vez estoy bien, es posible que quince minutos antes haya estado tan abrumado por la tristeza que a duras penas podía mantenerme en pie; y es probable que quince minutos después esté lleno de gozo sabiendo que mi hijo está seguro en su casa del cielo. Puedo pasar del gozo a la tristeza y viceversa en cuestión de instantes. ¿Que cómo estoy? La mayor parte del tiempo ni siquiera lo sé; y, si ni yo mismo lo sé, ¿cómo puedo explicarle a alguien cómo me siento?

He encontrado ayuda en un viejo proverbio, uno que habla sobre mi ineptitud y quizá mi frustración con esta: «Cada corazón conoce sus propias amarguras, y ningún extraño comparte su alegría».[1] Con esto me refiero a que algunas veces la tristeza es tan amarga, tan dolorosa, tan profunda, que simplemente no

41

se le puede expresar a nadie. En ocasiones, literalmente no hay palabras. Puedo estrujar un poco más el proverbio y pensar por qué es así. Debe ser porque el que experimenta la tristeza no puede expresar su pesar, ni siquiera para sí mismo. Es el *corazón* el que conoce su propia amargura, no la mente ni la lengua. Esa tristeza está alojada profundamente en el alma y es inexpresable para la mente o la boca.

Aun cuando soy escritor de profesión, y aunque las palabras son mi herramienta, me sigue faltando la habilidad para expresar la profunda tristeza por haber perdido a un hijo. ¿Cómo puedo explicar la angustia de ver a mi primogénito descender a la fría tierra, la agonía de escoger las palabras que grabarán en la tumba de mi único hijo varón, el tormento de saber que tras la puerta aún cerrada de su cuarto está toda la evidencia de una existencia vivida y perdida? ¿Cómo puedo expresar lo que significa que su dulce novia nunca será mi nuera, que nunca podré abrazar a los hijos de mi hijo, que envejeceré sin la persona que prometió cuidar siempre de mí? Verdaderamente, la tristeza no solo es indescriptible, sino que también está fuera de mi comprensión.

Sin embargo, estoy seguro de que hay alguien que entiende lo que yo no puedo entender. Dios se revela como el buen Padre que examina y conoce los huecos más profundos de mi corazón. Su Hijo es el auténtico Varón de dolores que está profundamente familiarizado con la tristeza y que puede empatizar conmigo en cada una de mis debilidades. Y estoy seguro de que su Espíritu intercede con gemidos indecibles, que no se pueden expresar con palabras.[2]

He encontrado un consuelo especial en esos gemidos del Espíritu, porque a menudo me siento incapaz de hacer otra cosa que gemir, suspirar y sollozar. Mis oraciones carecen frecuentemente de palabras, pero a la vez están llenas de significado. A veces, lo único que puedo decir es: «¡Dios! ¡Dios! Tú sabes». Las palabras son sencillas, simples y monosilábicas, pero emergen de lo más profundo de mi alma. Es una bendición tener esa seguridad de que el Espíritu está decidido a ayudarme en mi debilidad. Es un consuelo saber que él sabe entender e interpretar lo que yo no sé cómo expresar. Me consuela saber que Dios se interesa por mí, que escucha, que sabe.

El corazón conoce su propia tristeza, su propia amargura, dice el proverbio. Pero la tristeza no ha sido mi única experiencia. ¡Ni mucho menos! Una de las realidades de la aflicción como cristiano es la coexistencia de cumbres de gozo junto a profundidades de tristeza. Ambas cosas van en paralelo, como si fueran dos arroyos que fluyen desde una cumbre común y viajan hasta el mismo valle, pero sin tocarse nunca, sin vaciarse en el mar para ser uno. El proverbio reconoce eso, porque me recuerda que lo que es verdad con las tristezas también puede serlo con las alegrías. Al igual que no puedo describir adecuadamente la tristeza, tampoco puedo hacerlo con la felicidad. ¿Cómo podría expresar mi deleite al saber que Nick está en la presencia de Dios, mi orgullo porque terminó bien su carrera, mi agrado al escuchar a tantas personas describir sus buenas acciones y su carácter piadoso? Tanto la risa como las lágrimas están más allá de mi habilidad para describirlas, no solo para los demás sino incluso para mí mismo.

Aunque los ríos de gozo y de tristeza van en paralelo, no son idénticos. El río del gozo es más parecido a un arroyo tranquilo, mientras que el de la tristeza es como un río tempestuoso. Es la tristeza, no el gozo, la que amenaza con abrumarme, arrollarme y hundirme. Nunca he tenido que recordarme moderar mi gozo con la tristeza, pero a menudo he tenido que recordarme buscar la luz en medio de la oscuridad. En esta dicotomía, Charles Spurgeon me ha sido de mucha utilidad, porque él en una ocasión predicó un sermón sobre este proverbio y destacó que Dios ha prometido a su pueblo que las alegrías siempre atenderán a sus tristezas, porque «mientras más profundas sean las aguas, más cerca del cielo estará nuestra arca. Mientras más oscura sea la noche, más apreciaremos nuestra lámpara. Hemos aprendido a cantar en la oscuridad con el aguijón en nuestro pecho».[3]

Así que prosigo, cantando en la oscuridad, con la lámpara del Señor iluminando el camino. A pesar del dolor, de la tristeza, de la pérdida, mi vida continúa. Debe continuar. Sé que nunca lo superaré, pero necesito convivir con ello, porque no he recibido una cláusula de rescisión que me libere de aquello a lo que Dios me ha llamado.[4] Sigo siendo padre, sigo siendo esposo, sigo siendo pastor, sigo siendo amigo, sigo siendo vecino. Aunque Nick ya no esté, todavía permanezco aquí. Aunque su carrera ya ha terminado, la mía continúa. Esta pérdida me ha marcado, pero no me define. Aún tengo que vivir. Aún hay que cantar las canciones.

CAPÍTULO 11

Temo a Dios y tengo miedo de Dios

El temor del Señor es el principio de la sabiduría.[1] Y el temor es el principio, no solo de la sabiduría, sino también de la vida cristiana. La Biblia deja claro que, para amar a Dios, para honrar a Dios, para obedecer a Dios, primero tenemos que temer a Dios. Pero *temor* es una palabra con muchas dimensiones y muchas definiciones. ¿En qué sentido debemos temer a Dios?

Los teólogos siempre han distinguido entre el temor de un esclavo y el de un hijo. El esclavo, natural y apropiadamente, temerá a un amo malvado que sea propenso a agredirlo con ira. El esclavo se postrará y suplicará, esperará y rogará para librarse del látigo, para no sufrir dura e injustamente. El temor del hijo no podría ser más distinto. Un hijo honorable, de forma natural y apropiada también, temerá a un padre bueno y amoroso, pero su motivación no es el miedo a las consecuencias, sino el deseo de evitar causar vergüenza o reproche a aquel que ama. Si siente ansiedad, no es por el temor a la tortura o el castigo, sino por temor a desagradar o deshonrar al padre que tantas veces le ha demostrado su amor tan abundantemente.[2]

Le he temido a Dios de esta manera desde que era joven. Desde que era un niño, mis padres hicieron de los proverbios parte de mi dieta espiritual; por lo tanto, siempre he conocido la importancia de tener un temor de Dios saludable. Yo mismo he enseñado a mis hijos: «Dichoso el que teme al SEÑOR, el que halla gran deleite en sus mandamientos».[3] Para poder honrar a Dios debemos temerle: tener un sentimiento profundo y permanente del poder de Dios, de la majestad de Dios, de la santidad de Dios, de la clara otredad de Dios. Vivimos mejor cuando lo hacemos con un temor saludable de Dios.

Por lo tanto, temo a Dios; sin embargo, en estos días también tengo miedo de él. Le temo en cuanto a evaluar correctamente su poder, sus capacidades, su soberanía; pero también tengo miedo de las maneras en que puede ejercer todos esos atributos. A fin de cuentas, hace muy poco tiempo Dios ejerció su soberanía llevándose a mi hijo a su presencia. Mi vida serena y privilegiada se vio perturbada por una pérdida tan grande que nunca me había permitido ni siquiera imaginar. En un instante, Dios me dio un golpe que me dejó estupefacto, que casi estuvo a punto de aplastarme.

Dios tenía el derecho de llevarse a Nick, eso lo sé y lo afirmo. El Dios que tiene la capacidad de dar es el mismo que tiene el derecho de quitar. Así como estuve dispuesto a recibir a

Nick como un regalo de la mano de Dios, ahora no puedo sentir recelo del mismo Dios por recuperarlo, y no lo haré. Al igual que Job, bendije el nombre del Señor cuando me lo dio y lo bendeciré aunque me lo haya arrebatado.

Sin embargo, es esa capacidad y esa propensión a quitar lo que me hace temer. Porque, si la vida de Nick era tan frágil que pudo terminar en un momento sin causa o explicación obvia, ¿por qué no iba a suceder lo mismo con las vidas de otras personas que me son muy queridas? Si Dios me ha llamado a sufrir este golpe, ¿por qué no lanzarme otro? Si Dios se llevó a mi amado hijo con tanta rapidez, con tanta facilidad, con tanta finalidad, ¿qué más podría quitarme? ¿A quién más podría llevarse? ¿Y cómo podría yo soportar tal pérdida?

No soy muy propenso a la ansiedad, a preocuparme, ni a padecer miedos irracionales, pero en estos tiempos vivo con la sensación de que algo malo está a punto de ocurrirme o que, al menos, podría suceder. Hay una nube en el horizonte, una música cuyas notas se han convertido en pisadas fatídicas y alarmantes que se acercan en la oscuridad. No quiero perder de vista a mis hijas. No quiero que Aileen vaya a ningún lugar sola. No quiero que ninguna de ellas corra ni el más mínimo riesgo. Me he vuelto nervioso, asustadizo, mirando por encima del hombro. Estoy bastante convencido de que parte de mi tristeza es por las pérdidas que solo me he imaginado, pérdidas que ni siquiera han ocurrido y que probablemente nunca ocurrirán.

Es una tontería pensar que yo podría impedir, de algún modo, esas pérdidas actuando de una forma controladora. Es irracional. Nick era el más precavido de nuestros hijos y no estaba corriendo ningún riesgo cuando su vida llegó a su fin. No hubo conexión alguna entre lo que estaba haciendo y el porqué o el cómo Dios se lo llevó. Y sabemos que, como Dios había decidido que había llegado la hora de Nick, no había ningún médico que pudiera sanarlo, ni procedimiento que pudiera hacer que su corazón latiera de nuevo, ni medicina que pudiera devolverle la vida. Es cierto para todos nosotros que nada puede hacer que nuestra vida acabe antes del momento que Dios haya decretado y, cuando llega ese momento, nada puede salvarnos.

No obstante, aun así, tengo miedo. Y si soy sincero conmigo mismo, admito que es a Dios a quien le temo. Tengo miedo de qué otra cosa podría requerir de mí. Me asustan otras maneras en que pudiera ejercer su soberanía. Temo qué más podría querer que yo soporte. No es que desconfíe de él ni que le guarde resentimiento. Al menos, no lo creo así. Me asombran su capacidad y su disposición a hacer su voluntad, pero también me intimida y me da miedo lo que podría quitarme.

Quizá la realidad es que tengo miedo de Dios de una manera novedosa y que cierto tipo de inocencia ha quedado hecha añicos. Antes de la muerte de Nick yo entendía que Dios tenía poder, pero ahora *sé* que lo tiene. Antes entendía que Dios ejercía su poder al darme lo que amo, pero ahora entiendo que también lo ejerce quitándome lo que amo. Antes, la vida era fácil porque la soberanía de Dios siempre parecía inclinarse hacia las cosas que yo quería, pero ahora es difícil porque veo que la soberanía de Dios también se puede inclinar hacia las cosas que temo, cosas que nunca desearía.

Así que decido someterme a esa soberanía, a seguir orando: «Hágase tu voluntad». Sin embargo, incluso mientras oro siento un poco de vergüenza. Pronuncio las palabras con poca fe y con algo de reticencia. Las recito en oración tantas veces porque sé que son las palabras correctas y porque realmente quiero que Dios actúe en base a ellas. Incluso mientras las pronuncio, al menos por ahora, siento alguna medida de temor. Porque sé que Dios *sí* llevará a cabo su voluntad, su buena voluntad, al margen de lo que me dé o me quite. Lo que me da miedo es que me quite; y, además de lo que me quite, me da miedo el que quita.

Invierno

CAPÍTULO 12

Voltear para
mirar al sol

El invierno ha llegado a Canadá. Los días ahora son cortos. El aire se ha vuelto frío. La primera nevada ha cubierto el suelo. La actividad al aire libre ha cedido el paso al letargo del interior. Hemos añadido mantas extra a nuestras camas, hemos reemplazado las sábanas de algodón por las de franela y hemos sacado los pijamas calentitos de invierno. Gorros, guantes y bufandas ya están listos junto a la puerta. El fuego está danzando en la chimenea mientras permanecemos dentro a la espera de otro largo y frío invierno.

A los que vivimos en climas fríos se nos debe perdonar por pensar que el sol es más agradable en invierno que en verano, que debe funcionar con un tipo de termostato que se puede bajar durante un tiempo, o que en esos meses se debe voltear para que concentre su calor en otra parte de nuestro planeta. Pero lo cierto es que, en todas las estaciones, el sol se mantiene fijo en el centro de nuestro sistema solar; todo el tiempo se mantiene alumbrando a una temperatura constante. Lo que cambia no es el sol, sino nuestra posición con respecto a él. El eje y la rotación de la tierra nos dan nuestras estaciones, haciendo que unas veces el sol golpee directamente sobre su superficie y otras la golpee de refilón. El ángulo del sol es bajo en un invierno en Canadá, lo cual hace que los días sean cortos, las noches largas y el aire frío.

Aunque soporto este tiempo de dolor y trauma, a veces me veo tentado a sentir como si Dios se hubiera distanciado de mí o hubiera volteado su rostro. A veces siento como si el amor de Dios por mí se hubiera enfriado. Tal vez él ha dirigido su atención a otro lugar o ha disminuido su afecto por mí. Pero entonces pienso en nuestro planeta, en nuestro sol y en nuestro Dios.[1] Ciertamente, él no es un Dios que se olvida de su pueblo cuando este lo necesita, o que se olvida de sus hijos cuando claman a él. Está claro que no es un Dios que está menos presente cuando más se le necesita. Él promete que sus ojos están sobre nosotros y que su oído está atento a nosotros; por lo tanto, cuando clamamos, él escucha y rescata. Él promete que está cerca de los quebrantados de corazón y salva a los de espíritu angustiado.[2] ¿Acaso mi espíritu no está angustiado? ¿Acaso mi corazón no está quebrantado? ¿Acaso no estoy clamando a él? Por tanto, seguro que Dios está cerca. Seguro que no se ha alejado. Seguro que no ignora mi clamor y mi llanto.

Si siento que Dios se ha vuelto distante o frío, ¿no será más probable que haya sido yo quien haya cambiado y no él? Seguro que esto no se le puede achacar al Padre de las luces, en quien no hay variación ni sombra de cambio; seguro que no tiene que ver con aquel que proclama de forma tan clara: «Yo, el Señor, no cambio»; el que promete que, aunque el cielo y la tierra algún día pasen, él se mantiene constante y es el mismo ayer, hoy y por siempre.[3]

Estoy seguro de que volverá el calor a esta tierra, porque Dios ha prometido que mientras esta exista, no cesarán la siembra y la siega, el frío y el calor, el verano y el invierno, el día y la noche.[4] La nieve se derretirá, la tierra se descongelará, los pájaros volverán al cielo, las plantas brotarán de la tierra. Los blancos fríos y los grises desolados darán paso a los abundantes verdes, brillantes rojos y cálidos azules. Todo esto comenzará a desplegarse no cuando el sol cambie, sino cuando la tierra rote de nuevo para situarse de cara a la plena luz del sol, ante toda la fuerza de su calor.

Y también yo debo cambiar mi ángulo, mi comportamiento, mi actitud. Me doy cuenta de que he estado confiando demasiado en mis sentimientos y que debo someterlos a los hechos, a la verdad, a lo que es eminentemente más confiable. Mis sentimientos rotan como la tierra; mis emociones van y vienen como las estaciones; sin embargo, la verdad es tan fija y constante como el sol. Cuando me enfoco en lo verdadero, entiendo que Dios está presente a mi lado. Él ha estado presente desde el momento en que oí esa terrible noticia; está a mi lado en este momento y estará presente a mi lado hasta el día en que finalmente enjugue mi última lágrima. Él ha estado particularmente presente a mi lado mediante su Espíritu y a través de su pueblo.

Hace muchos siglos, cuando Jesús se preparaba para dejar a sus discípulos, prometió que en su ausencia enviaría al Espíritu Santo. Él cumplió su promesa y el Espíritu ahora reside en el pueblo de Dios para ser nuestro ayudador, nuestro consolador, nuestro consejero; *mi* ayudador, *mi* consolador, *mi* consejero.[5] Y sé que él me ha estado ministrando, trayendo a mi mente e iluminando en mi corazón las verdades de la Biblia: sus dulces bendiciones, sus preciosas promesas, sus consoladoras afirmaciones. Nunca antes la verdad había sido tan querida, tan importante y tan reconfortante. Me estoy aferrando a ella, por lo que la repito y la predico a mi propia alma. Como un hombre moribundo que se aferra a un paño húmedo para extraer sus últimas gotas de esa agua tan preciada para su lengua reseca, así me aferro yo a la Palabra para extraer cada gota de consuelo que pueda darme. Y, de la manera tan preciosa e interna en la que trabaja, el Espíritu me está ministrando esa Palabra.

Del mismo modo que Dios ha estado espiritualmente presente mediante su Espíritu Santo, ha estado físicamente presente mediante su pueblo. Hermanos y hermanas me han rodeado y me han amado como nunca antes me habían amado. Han orado por mí y han llorado conmigo, llevando mis cargas y supliendo mis necesidades. El mismo Jesús que envía el Espíritu describe a la iglesia como su cuerpo, cuerpo que ha sido sus manos, sus pies, sus brazos, su boca. Ha hecho su trabajo, ha llevado a cabo su misión, ha ministrado su consuelo, ha pronunciado sus palabras. La voz de Dios ha sido la misma de su pueblo, y los brazos de Dios han sido los brazos de su pueblo. Él ha estado tan presente como las manos se han estirado para proveer comida, o como los hombros se han ofrecido para que llore sobre ellos. «Yo fui joven, y ya soy viejo», testificó David, «y no he visto al justo desamparado, ni a su descendencia mendigando pan».[6] O que les falte consuelo divino en sus aflicciones más profundas.

Para que la tierra pase del invierno al verano, para que sea transformada de la inactividad a la productividad, debe voltearse hacia la fuente de calor, la fuente de vida. Debe girar para mirar al sol. Y también yo, cuando me siento frío y sin vida, cuando me siento afligido y decaído, debo voltearme para mirar al Dios de luz y vida que es en sí mismo un sol y un escudo, que concede favor y honra, que no retiene nada bueno a los que caminan en rectitud, a los que confían en él.[7] Debo mirar a aquel que nunca me dejará, al que nunca me abandonará. Oh Dios, ayúdame a voltearme y disfrutar del calor del Hijo.[8]

CAPÍTULO 13

¡Ayuda mi incredulidad!

Es uno de los episodios más emotivos de la vida de Jesús. Un padre desesperado ha acudido a él en busca de ayuda, porque tiene un hijo que ha sufrido posesión demoniaca desde su niñez. No solo un demonio infame ha hecho que su hijo se quede mudo, sino que también le produce convulsiones y lo arroja al suelo, donde se pone rígido, cruje los dientes y echa espuma por la boca. A veces lo lanza al fuego y al agua, donde puede sufrir un gran daño. Es difícil imaginar a una criatura más lastimosa que este joven ni una figura más angustiada que la de este padre.[1]

Ahora, este padre está delante de Jesús, y atormentado le suplica ayuda, misericordia y liberación. «Si Tú puedes hacer algo», le ruega, «ten misericordia de nosotros y ayúdanos». Jesús se fija en una sola palabra, una muy pequeña: *si*. Se enfoca en ella, la repite, la enfatiza. «¡*Si* puedes!», repite con cierta medida de incredulidad. «"¡*Si* puedes!". Todas las cosas son posibles para el que cree». El padre responde con palabras de fiel franqueza, de franca fidelidad: «¡Creo; ayúdame en mi incredulidad!». Tiene una medida de fe, y lo sabe, pero no toda la que le gustaría. Confía en Dios, pero su confianza está mezclada con incertidumbre. Tiene confianza, pero también tiene dudas. «Ayuda mi incredulidad», le suplica. «¡Ayúdame!».

Siento empatía hacia ese padre. Me identifico con él. Reconozco la existencia de su fe, pero también su insuficiencia. También mi clamor es muchas veces: «Creo; ¡ayuda mi incredulidad!». Sin embargo, mientras que este padre desesperado estaba preocupado por lo que le ocurría al cuerpo de su hijo, yo lo estoy por lo que le ha ocurrido al alma de mi hijo. Ese padre estaba preocupado por lo que podía ver, pero este padre está preocupado por lo que no puede ver: *¿Dónde está mi hijo? ¿Qué está experimentando? ¿Cómo puedo saber que está bien?*

La misma Biblia que describe esta anécdota de la vida de Jesús detalla a los seres humanos como duales, con cuerpo y alma. Afirma lo que sabemos que es cierto: que somos más que un cuerpo físico. Hay una parte de nosotros que es inmaterial e inmortal, que continúa incluso cuando nuestro cuerpo muere. Al ser así, puedo tener confianza en que, cuando el cuerpo de Nick fue enterrado, su alma siguió viviendo. Pero ¿qué le ocurrió? ¿Dónde está su alma? ¿Dónde está él?

Me criaron entre credos, confesiones y catecismos, que son medios para resumir de forma concisa grandes partes de enseñanza bíblica, y desde que era pequeño me enseñaron que, al morir, «el alma, que ni muere ni duerme, ya que tiene una subsistencia inmortal, regresa de inmediato a Dios que se la dio».[2] Aunque el latido del corazón de Nick se detuvo aquel día, su alma no se detuvo. Si la confesión es correcta, la parte de él que continúa fue reclamada a la presencia de Dios. Pero entonces, ¿qué? Seguro que no todas las almas son recibidas con gozo, porque algunas personas han pasado sus vidas rebelándose contra Dios, negando su existencia, quizá incluso destruyendo a personas creadas a su imagen.

La confesión continúa diciendo que «las almas de los justos que están siendo perfeccionadas en santidad son recibidas en el paraíso, donde están con Cristo, y ven el rostro de Dios en luz y gloria, esperando la redención completa de sus cuerpos». Las almas de los que son justos son bienvenidas en ese lugar que conocemos como «cielo», el paraíso donde el pueblo de Dios espera el día en que Jesucristo regresará a la tierra, cuando Dios creará un cielo nuevo y una tierra nueva, un nuevo mundo libre de pecado, enfermedad y muerte. ¿Estaba Nick entre los «justos» que tuvieron el privilegio de ser perfeccionados en santidad y de ser recibidos en ese paraíso? Seguro que sí, porque había confesado sus pecados y su pecaminosidad; había puesto su fe en Jesucristo; había recibido la justicia de Jesucristo como un regalo de gracia. No era un hombre perfecto, pero había sido perdonado por uno que sí lo fue.

Y, por lo tanto, según el resumen de esta confesión de las enseñanzas de la Biblia, tengo razones para creer que Nick está en el cielo, que es más santo ahora que nunca antes y que, por lo tanto, está más feliz que nunca. Tengo razones para creer que está en la presencia de Dios mismo. Tengo razones para creer que estará allá esperando cuando llegue mi momento de unirme a él. ¡Lo creo! ¡Lo creo! ¡Lo creo!

Aunque, si lo creo, ¿por qué a veces no lo creo o, al menos, por qué a veces no lo creo tanto como me gustaría? ¿Por qué a veces mi fe se mezcla con dudas? ¿Por qué algunas veces tengo que obligarme a creerlo? ¿Por qué a veces lo creo, no porque esté totalmente convencido de ello, sino porque la alternativa es algo que no podría soportar? *Oh Dios, ¿podrías llenar lo que me falta en mi confianza? ¿Podrías darme la fe que no tengo? ¡Creo! Por favor, ayuda mi incredulidad.*

CAPÍTULO 14

¿Qué hacemos con la aflicción?

Ella es muy grande y muy pequeña, muy adulta y muy joven, muy débil y muy fuerte, muy valiente y muy abatida. Hoy está sobre mi regazo, con la cabeza en mi hombro y sus lágrimas cayendo por mi pecho. «Lo extraño mucho», solloza. El hermano que era su mejor amigo y su mayor confidente. El hermano que la escuchaba con tanta paciencia, que la guiaba con tal destreza, que la amaba con mucho afecto. El hermano que se desplomó delante de ella, el hermano al que ella no pudo ayudar, el hermano cuya vida se esfumó ante sus ojos. Me apenaría saber que vio morir a un desconocido; pero más me destroza el corazón saber que vio morir a su propio hermano.

Una vieja canción dice que el amor es algo muy esplendoroso, porque tiene muchos tintes, muchas formas, muchas facetas. Tiene muchos elementos que observar, muchas maravillas que contemplar. Hay tanto encerrado en el amor, que ninguno de nosotros podrá experimentarlo jamás en todas sus formas y en todas sus glorias. El amor de la madre es distinto al amor del padre, y el amor de un padre o una madre es distinto al amor de un hijo. El amor de una hermana es diferente al amor de un hermano, y el de un amigo es distinto al de un desconocido. El amor de Dios sobrepasa a todos. Esplendoroso, sin duda alguna.

Estoy aprendiendo que lo que es cierto del amor lo es igualmente en el caso de la aflicción, porque esta también tiene muchos tintes, formas y facetas. La aflicción de una madre es distinta a la de un padre, y la aflicción de un padre o una madre es distinta a la de un hermano o una hermana. Se experimenta de distintas formas según cada individuo y se manifiesta de maneras profundamente personales. Los llorones gimen, los que se enojan se enfurruñan, los emotivos se emocionan y los pensadores piensan, los extrovertidos parlotean y los introvertidos reflexionan. Unos niegan y otros aceptan, otros más prosiguen y aun otros se detienen, unos no pueden dejar de pensar en ello y otros no pueden pensar en ello.

Y, aunque nos afligimos como individuos, también sufrimos como familia, porque nuestra pérdida es común y compartida. Nick fue arrancado de *nosotros*, de nuestro pequeño clan, de nuestra pequeña familia. Las aflicciones incluso se mezclan de tal forma que, además de mi propia tristeza, está la de ver a mi esposa lamentarse por su hijo, y la de ver a mis hijas apenarse por su hermano. Protegería a mis hijas de cualquier dolor o tristeza si pudiera, pero no hay nada que pueda hacer para resguardarlas de este trance o apartarlo de su vida. Hay demasiada tristeza y adopta muchas formas. Ya sería suficientemente difícil salir yo mismo de esta aflicción, pero también debo ayudar a salir a mi esposa y mis hijas. Nunca me he sentido tan necesitado como en estos momentos. Nunca he tenido una responsabilidad mayor que en este tiempo de profunda aflicción. Necesitan que yo esté a la disposición de ellas, que les ministre la verdad, que interceda por ellas.

Hace poco añadí el título «aflicción» a mis listas de oración por Aileen y las niñas, pero veo que realmente no sé cómo orar al respecto. En realidad, no sé cuál es la meta, ni sé en qué dirección orar sobre este asunto. Sé qué hacer con el pecado: «consideren los miembros de su cuerpo terrenal como muertos»,[1] dice el apóstol. Así que debo hacer morir el pecado. Sé qué hacer con la virtud: «Entonces, ustedes como escogidos de Dios, santos y amados, revístanse de tierna compasión, bondad, humildad, mansedumbre y paciencia».[2] Así que debo revestirme de virtud. Sé qué hacer con el pecado y con la virtud, pero ¿qué debo hacer con la aflicción? ¿Debería orar para que ellas superen su aflicción? ¿Para que la resuelvan? ¿Para que se eleven por encima de ella? ¿Para que se la quiten de encima? ¿Para que la dejen atrás? ¿Deberían abrazar su aflicción o luchar contra ella, aceptarla o rechazarla? Ciertamente, puedo orar para que Dios las consuele, y tengo certeza de que lo hará, pero debería orar por algo más que eso. Seguro que hay algunos pasos de acción que ellas podrían dar, algunos verbos que podría orar por ellas.

Tal vez tengo que establecer primero en mi mente cuál es la naturaleza de la aflicción. ¿Es esta una emoción o un sentimiento? ¿Es una cosa o un ser? ¿Podría ser un estado o un pecado, un origen o un destino? Estoy empezando a entender que la aflicción es una respuesta y un proceso: una respuesta a las circunstancias y un proceso que comienza con una prueba o una gran pérdida. Y, aunque no estoy muy seguro del destino, creo que debe ser la aceptación, la sumisión, la paz y la esperanza.

Por lo tanto, me veo orando para que Aileen y las niñas acepten la muerte de Nick como la voluntad de Dios buena y perfecta, aunque también sea una voluntad inescrutable y difícil. Estoy orando para que doblen sus rodillas ante el Rey en su trono, sometiéndose a él y a su derecho a gobernar su mundo a su manera. Estoy orando para que la paz divina que sobrepasa todo entendimiento calme sus corazones y apacigüe sus almas. Y estoy orando para que conozcan la esperanza segura de Jesucristo y de su precioso evangelio, la esperanza de que Nick está con Cristo y que, cuando ellas hayan perseverado hasta el final, estarán con él. Oro para que esta aceptación y esta sumisión conduzcan a una dulce paz y a una esperanza duradera.

Y después, inspirado por el apóstol Pablo, me encuentro orando para que puedan olvidar, recordar y proseguir. Oro para que se olviden de su aflicción en el sentido de que se nieguen a dejar que las defina o que se sientan inútiles para los propósitos de Dios debido a ello. Oro para que recuerden su aflicción en el sentido de que ahora es parte de su historia, y una parte que las ha equipado para un servicio a Dios mayor y mejor. Y oro para que prosigan en medio de su aflicción, con corazones enternecidos por la pérdida, con las manos preparadas por la aflicción, con los pies en movimiento por la fe, y con los brazos siempre extendidos y mirando al frente, siempre adelante hacia la meta para conseguir el premio para el que Dios las está llamando al cielo.[3]

CAPÍTULO 15

Ojos llorosos y corazones sonrientes

Habíamos decidido visitar a Nick. «Visitar a Nick», así es como empezamos a llamar el hecho de pasar tiempo en su tumba. «Ir al cementerio» se enfoca en el lugar, no en la persona, por lo que es demasiado impersonal y abstracto. «Ofrecer nuestro respeto» es otra opción, pero suena demasiado formal para describir el hecho de ir al lugar donde está el cuerpo de nuestro hijo. Así que nosotros «visitamos a Nick», que es lo que estamos haciendo esta mañana de Navidad.

Nos levantamos tarde, después desayunamos, y luego abrimos los regalos. Hasta este punto, todo ha sido igual que cualquier otra Navidad en los últimos veinte años, salvo por su ausencia y por unas cuantas lágrimas. Ahora, con esas desgastadas tradiciones cumplidas, hemos entrado en esa calma existente entre nuestra rutina matutina y nuestra cena de Navidad. Y así, de forma bastante espontánea, nos ponemos los abrigos y las botas, los gorros y las manoplas, y hacemos el corto recorrido en automóvil.

La nieve ha cubierto la ciudad, comenzó a caer después de la medianoche en Nochebuena y terminó justo cuando amanecía el día de Navidad. Cubre la tierra, por supuesto, pero también los tejados y los automóviles. Está en cada rama de cada árbol. Es la Navidad más impolutamente blanca que nunca habíamos visto. Una bendición especial que corta la respiración por su belleza.

Al llegar al cementerio, vemos que no somos los únicos que visitan a algún ser querido en este día. Se ven huellas que van desde el camino central hasta esta tumba o aquella; a veces son solo un par de huellas muy claras en la nieve, y a veces varias huellas pequeñas y grandes juntas. Algunos han dejado tarjetas, o han puesto coronas de flores, o han encendido velas. Alguien ha limpiado cuidadosamente un recuadro, dejando al descubierto un trozo rectangular de hierba invernal adormecida, claramente visible por su contraste con el blanco de la nieve.

Abrimos un camino nuevo hasta la tumba más lejana, la más reciente, la que lleva ahí tan poco tiempo que no tiene ningún monumento o ni siquiera un marcador. La gruesa capa de nieve hace que sea imposible ver el lugar donde se ha cavado un hoyo y se ha rellenado imperfectamente. Pero sabemos cuál es el sitio.

Estamos ahí unos momentos, agarrados del brazo, con las lágrimas empezando a caer por nuestras mejillas y dando a parar encima de la nieve. Intentamos hablar, pero ¿qué podemos decir? Yo había pensado que podría orar, darle gracias a Dios por el precioso regalo que nos hizo al darnos a este hombre tan bueno, a este hijo tan leal, a este cristiano tan comprometido. Pero ahora que ha llegado el momento, no tengo palabras. Cuando intento abrir la boca, solo consiguen salir algunos sollozos rotos; pero estoy seguro de que Dios escucha las oraciones que no puedo hacer. Él sabe lo que es perder a un hijo.

Hemos traído una especie de regalo, un brote de la flor de Pascua que durante las últimas semanas ha aportado su alegría invernal al salón de nuestra casa. Nos agachamos junto a la tumba y ponemos nuestro regalo cuidadosamente sobre la inalterada nieve. Esos brotes vienen del calor de nuestro hogar hasta el frío de este lugar. Sus pequeñas pinceladas de color rojo brillante y verde ahora contrastan con el brillo cegador de la nieve. No es mucho, pero es algo. Viene de nuestro hogar. Viene de nuestro corazón.

Pensamos en nuestro hijo y en el llamado que Dios nos dio para educarlo en la disciplina e instrucción del Señor.[1] Pensamos en el bebé tan pequeñito que sacamos del hospital una mañana de marzo hace tanto tiempo atrás. Pensamos en el niño que despertó al peligroso estado de su alma y puso su fe en Jesucristo. Pensamos en el adolescente que se convirtió en un cristiano tan bueno, tan humilde, tan comprometido. Pensamos en el joven que corrió su corta carrera tan bien. Pensamos en el hijo que ahora está a salvo en su hogar celestial. «Hicimos lo que Dios nos llamó a hacer», susurro. «Por gracia», responde Aileen.

Nuestros corazones sonríen, aun cuando nuestros rostros no lo hacen. Nos volteamos y hacemos el recorrido de regreso hasta la calle central, hasta nuestro vehículo, y regresamos a la Navidad. Hemos añadido una nueva tradición a las que ya teníamos desde hace tanto tiempo.

CAPÍTULO 16

La oración que no pude hacer

Padre celestial, es la última reunión de nuestra semana de oración de Año Nuevo, la noche que dedicamos a orar por agradecimiento. Es una reunión virtual y en la pantalla de la computadora que tengo delante veo rostros de personas que amo, cada cuadradito es alguno de los hermanos y hermanas que componemos la congregación Grace Fellowship Church. Uno por uno van orando, brindando sus expresiones de gratitud, sus palabras de alabanza por el año que llega y el que se ha ido. ¡Vaya año! Uno de pandemia e incertidumbre, un año de normas y separaciones. Fue un año difícil para todos en esta iglesia; por eso me anima escuchar a cada uno recordando tus misericordias y dándote las gracias.

Yo quiero orar. Quiero dar genuinamente la señal y esperar mi turno para encender mi micrófono, pero me doy cuenta de que no puedo hacerlo. Quiero expresar gratitud, puesto que estoy muy agradecido por tantas cosas, pero el nudo en la garganta y las lágrimas en los ojos me dicen que me falta la capacidad en este momento. Así que, por favor, escucha esta oración mientras la escribo con el teclado.

Este fue un año difícil, Señor, el más arduo que he vivido. Tú lo sabes, porque no hay nada que haya ocurrido en él que esté fuera de tu conocimiento. No hubo una hora en la que tú estuviste ausente, ni un momento en el que me diste la espalda. Mis mejores días y los más oscuros, tú los conoces todos plenamente. Sabías que lo comenzaría llorando por mi padre. Sabías que lo terminaría sollozando por mi hijo. Tú sabías que entre esos momentos yo, junto al resto del mundo, enfrentaríamos la confusión y la incertidumbre de una pandemia global. Sabías que pasaría semanas y meses aislado, en cuarentena, encerrado. Sabías que gran parte de mi aflicción la pasaría aislado, con pocas personas, pocas visitas, pocos abrazos. Tú lo sabías. Sin embargo, también sabías que, en medio de todo eso, experimentaría tu gran misericordia, tu gracia abundante, tu gran amor. Sabías que, una y otra vez, me demostrarías tu bondad, una gran bondad. Por lo que estoy muy agradecido.

Hoy visité a Nick, como hago cada domingo; y, mientras estaba de pie frente a su tumba, junto a esa pequeña parcela sin marcar de tierra removida donde reside su cuerpo, sentí gratitud. Incluso entre mis lágrimas, entre mis sollozos, sentí en mi corazón la calidez del amor por ti y por el regalo que me diste. Así que quiero darte las gracias. Gracias por darme a mi hijo. Gracias por confiarlo a mi cuidado. Reconozco que era tu hijo antes de que fuera mío. Tú lo amabas mucho antes de que yo lo viera por primera vez, de que lo tuviera entre mis brazos por primera vez, de que lo conociera por primera vez. Gracias por lo honroso que fue criarlo, cuidar de él, amarlo. Gracias por perdonarlo, por salvarlo. Gracias porque, aunque no está en mi hogar, está en el tuyo. Gracias porque, aunque está ausente de su cuerpo, está presente con el Señor. Gracias por la seguridad que me has dado de que no me lo quitaste primero, sino que te desprendiste primeramente de él. Gracias por la certeza que tengo de que su llegada a tu presencia fue una ganancia mucho mayor que mi pérdida por su partida.

Gracias por los amigos que han sido tan fieles expresándonos su amor y consolándonos todo este tiempo. Gracias porque meros conocidos e incluso desconocidos han sido muy amables, muy generosos, muy amorosos. Gracias porque nuestros padres y hermanos han sido muy fieles cuidándonos y con sus oraciones. Gracias porque Aileen se ha mantenido fuerte con su fe en esta durísima prueba y porque ha sido de mucho ánimo e inspiración para mí. Gracias porque Abby y Michaela han fortalecido su fe mediante su pérdida en la que, si tú no las hubieras sostenido, podrían haberla abandonado. Gracias porque has provisto tu divino consuelo usando bocas y manos humanas.

Gracias, Padre, porque eres soberano, porque este es tu mundo y porque nada sucede en él que escape a tu voluntad. Gracias por el misterio de tu providencia, a través de la cual guías y diriges cada vida y hasta la muerte para tus grandes propósitos. Gracias porque tus acciones siempre son buenas y tu tiempo perfecto. Gracias porque tu corazón siempre se inclina hacia tu pueblo, deseoso de bendecir y de consolar.

Gracias, Jesús, por nacer en este mundo, Dios mismo encarnándose en hombre. Gracias porque tuviste una vida perfecta, porque moriste de una forma expiatoria, porque resucitaste victorioso de la muerte. Gracias porque abriste el camino a Dios para que yo pudiera ser salvo, para que Nick pudiera ser salvo. Gracias porque fuiste, y aún eres, el mediador entre Dios y el hombre.

Gracias, Espíritu, por ser el consolador. Jesús dijo que era mejor que Él se fuera para que tú pudieras venir, así que te doy gracias por haber venido a habitar en nuestro interior y, de esa manera, poder estar presente para guiar, dar seguridad, consolar, alejarnos de la amargura y acercarnos a la santidad, incluso en las más hondas profundidades de la tristeza.

Por lo tanto, Padre, Hijo, Espíritu, gracias por ser Dios, por ser bueno. Gracias por todas las bendiciones que he recibido de tu mano. Gracias por la certeza de que la bendición más grande aún está por llegar, la de ser perfeccionado y vivir en tu presencia para siempre.

Y ahora llegamos al final de nuestra reunión de oración, el fin de nuestra semana de oración, así que cierro con esto: anhelo dar gloria a tu nombre, anhelo que tu poder se muestre en mi debilidad y tu sabiduría en mi quebranto. Así que me someto voluntariamente a tus propósitos. Tú eres el Creador, yo la criatura. Tú eres el alfarero, yo el barro. Si la mejor manera de darte gloria es mediante la debilidad, entonces te digo que tomes mi fortaleza; si puedo glorificarte con la pobreza, entonces toma mis riquezas; si puedo darte gloria con la pérdida, entonces tómalo todo. Puedo soportar cualquier prueba, sobreponerme a cada sufrimiento y enfrentar mi lamento, siempre y cuando tú no me dejes, siempre y cuando no me olvides. Y tú prometes que nunca lo harás. Tú prometes que harás que todo obre para bien, así que te pido que hagas eso. Obra en mi debilidad para bien, obra en mis pérdidas para bien, obra en mi quebranto para bien, porque te amo y he sido llamado según tu propósito. Ya sea que este año traiga plenitud o hambre, traiga abundancia o necesidad, traiga gozo o tristeza, vida o muerte, solo te pido que me capacites para darte gracias en toda circunstancia, porque sé que tú ordenas cada una de esas cosas. Permíteme proseguir a la meta y, mientras lo hago, bendecir al Señor en todo tiempo, con su alabanza —tu alabanza— continuamente en mi boca.

En el nombre de Jesucristo te lo pido. Amén.

CAPÍTULO 17

Cómo tratar con la aflicción

«¿Qué sientes?», pregunta él. «¿Cómo lidia un padre con la pérdida de un hijo?». Un viejo amigo de la familia me ha llamado para interesarse por mí y decirme que ha estado orando por mí, por mi esposa, por las niñas, pero también siente curiosidad y le gustaría saber qué significa estar en mis circunstancias. «¿Qué pasa por tu corazón?». A mí mismo me sorprenden las palabras que oigo salir de mi boca. «Me siento honrado. Me siento honrado de que Dios me haya confiado esto a mí. Sé que viene de su mano, por lo que quiero administrarlo bien».

Hace mucho tiempo que he aprendido a interpretar la vida desde la óptica de la administración. Ser administrador es ser agente, supervisor, cuidador. El administrador es responsable no de sus propias posesiones, sino de las de otra persona. No responde ante sí mismo, sino ante un amo, un monarca, un propietario. Jesús cuenta una parábola acerca de la administración: sobre tres siervos, a cada uno de los cuales se les confió una porción de la riqueza de su amo mientras este emprendía un largo viaje. A uno solamente se le dio una porción de la riqueza; a otro, dos porciones; y al tercero se le dieron cinco. Jesús explica la conducta de cada uno de esos siervos diciendo que los dos a quienes se había confiado mucho son sabios y sensatos, al multiplicar lo que habían recibido; pero aquel al que se le confió poco es necio y frugal, y al final no tiene nada más que mostrar salvo lo poco que se le había dado. Al sacar cuentas, al final, dos de esos siervos son recompensados por su fidelidad: «¡Bien, siervo bueno y fiel!», y uno es reprendido por su falta de fidelidad: «¡Siervo malo y perezoso!».[1]

Siempre he sabido que mis hijos —en realidad— son hijos de Dios. No soy dueño de Abby ni de Michaela, y Nick nunca fue realmente mío. No soy dueño de ninguno de ellos, así como tampoco lo soy de mi dinero y mis propiedades, de mis dones y mis talentos, de mis privilegios y mis oportunidades. «Este mundo es de mi Padre», dice el escritor del himno.[2] Mis hijos, al igual que el resto, son regalos de Dios, cuya mano me los confió. Él me ha asignado la responsabilidad de educarlos en la disciplina e instrucción del Señor, de administrarlos fielmente como alguien que un día tendrá que dar cuentas.

A menudo me sentí honrado de que me hubiera confiado a Nick. Hubo muchas ocasiones cuando él era niño y adolescente, y muchas más cuando era un joven adulto, en que Aileen y yo nos mirábamos y nos maravillábamos del regalo que Dios nos había dado. «¿Qué hemos hecho para merecer un hijo tan bueno?», nos preguntábamos. «¿Por qué nos ha confiado Dios un tesoro así, entre todas las personas?». Era un muchacho anormalmente bueno, inusualmente amable y generoso, destacadamente cumplidor, extraordinariamente consagrado a honrar a Dios. Fue un honor recibirlo y criarlo. Entonces, ¿por qué no iba a ser un honor soltarlo? ¿Por qué no íbamos a considerar una honra haber sido escogidos para este difícil llamado a dejarlo ir? A fin de cuentas, él nunca fue nuestro desde un principio. Nunca fue posesión nuestra. Le pertenecía, y le pertenece, a Dios.

Al mirar de nuevo la parábola de Jesús, me sorprende que a los siervos nunca se les da opción alguna en su administración. El amo nunca piensa en preguntarles: «¿Qué les parecería si les entrego una porción o cinco porciones de mi riqueza?». Él nunca les consulta ni les pregunta: «¿Cuánto creen ustedes que son capaces de administrar?». En lugar de eso, simplemente asigna a cada uno lo que él considera apropiado, y después espera que ellos demuestren ser dignos de la responsabilidad que les ha entregado. El que recibe las cinco porciones debe estar particularmente emocionado, porque seguro que lo interpreta como una muestra de confianza en él por parte de su amo al haberle entregado mucho y no poco. La confianza de su amo es una bendición, una recompensa en sí misma, y debe motivarlo aún más a demostrar que es fiel, a demostrar que es digno de un honor tan grande.

Siempre he estado convencido de que Dios nos confió mucho al darnos a Nick. Él fue el equivalente a las cinco porciones, y hoy estoy convencido de que Dios de nuevo nos ha

confiado mucho al llevárselo. Su muerte son otras cinco porciones, quizá incluso diez. Trabajamos para demostrarle que
fuimos fieles con la vida de Nick, criándolo de tal manera que
pudiéramos oír el elogio de nuestro amo. Hemos sido llamados
a una nueva tarea ahora, a una nueva administración, y nos
toca demostrar que somos fieles en su muerte. Trabajamos para
criarlo de un modo que le diera gloria a Dios; ahora trabajamos
para soltarlo de un modo que glorifique a Dios. Porque, con
seguridad, un llamamiento tan fuerte es una señal de la confianza de nuestro amo. Seguramente, con una responsabilidad
tan seria viene la promesa de una gran recompensa, si consegui-
mos demostrar que somos fieles. Y qué mejor recompensa que
oír: «¡Bien hecho, siervos fieles y buenos! Entren en el gozo de
su amo», el gozo de nuestro amo, la presencia de nuestro amo,
donde nuestro hijo, su hijo, ya se ha adelantado.

CAPÍTULO 18

Hágase tu voluntad

Oramos como familia antes de que Nick y Abby se fueran de casa para comenzar su semestre de otoño y tomamos una foto de los dos de pie, juntos, en la puerta de nuestro hogar: nuestros dos estudiantes universitarios. Era el 1 de agosto y se dirigían a Louisville, Kentucky, Nick para cursar su tercer año y Abby para iniciar su primero. Hice el viaje con ellos, ya que eran los primeros días de una pandemia mundial, y las leyes exigían que los extranjeros como nosotros hiciéramos cuarentena durante dos semanas al llegar a Estados Unidos. Diligentemente nos quedamos aislados juntos en un sótano que nos prestaron hasta que llegó el día catorce, y entonces condujimos hasta el campus y descargamos una torre de maletas y cajas. Abracé a Nick, le dije que lo amaba, y me quedé mirando mientras se alejaba agarrado del brazo de la mujer que, semanas después, aceptaría un anillo que él mismo le entregaría. Y esa fue la última vez que lo vi. Fue la última vez que lo vi a este lado del cielo.

Abby regresó a casa después del servicio funeral y ha estado con nosotros desde entonces, esperando el largo descanso invernal que hay entre semestres. Pero ahora la universidad vuelve a abrir, las clases comienzan de nuevo, y tenemos que despedirla. Es algo bueno, lo sabemos, pero también es muy difícil. Abby tiene asiento para el primer vuelo del día, con una parada breve en Detroit, donde podrá hacer la conexión hasta Louisville. Nos levantamos a las 4:00 de la mañana para asegurarnos de que tuviera tiempo de pasar el control de seguridad y de aduanas antes de su salida a las 6:30 de la mañana. Aunque sabíamos que sus papeles estaban en orden, hemos aprendido a no confiarnos demasiado cuando se trata de cruzar fronteras internacionales. Aconsejan salir, como mínimo, con dos horas de antelación.

Llegamos hasta un *stop* fuera de la terminal 3 del aeropuerto de Toronto. Abby tuvo que hacer las maletas para dos estaciones: un frío invierno del sur y una cálida primavera del sur. Me peleo con dos enormes maletas con la intención de bajarlas al suelo detrás de mi auto y, al hacer las matemáticas, me doy cuenta de que pesan lo mismo que ella. La pandemia sigue aumentando, y como las leyes me impiden traspasar las puertas de la terminal, ella tendrá que hacerlo todo sola. No me parece justo.

Yo ya sé que tiene su tarjeta de embarque y su pasaporte con ella; ya sé que ha investigado cómo moverse por los tres aeropuertos por los que tendrá que pasar en este día; y ya sé que hay un muchacho locamente enamorado que está deseando recogerla al otro lado de su viaje. Ya he orado con ella: Aileen,

Michaéla y yo nos acercamos a ella y oramos por su seguridad y protección antes de que saliera por la puerta. Por lo tanto, ¿qué queda por hacer salvo decirle un último adiós?

Me esfuerzo al máximo por ser valiente, sabiendo que no le haré ningún favor si me derrumbo y me pongo a llorar. Tomo su rostro entre mis manos, la miro a los ojos y le digo: «Te amo. Cuídate. Te veré pronto». Le doy un beso en la mejilla y después dejo que arrastre sus dos maletones hasta la terminal. Al volver a subirme al vehículo, hago una oración más: «Pero no se haga Mi voluntad, sino la Tuya».[1]

Mi tentación en un momento como ese es sentir ansiedad. Es pensar en lo que sucedió la última vez que mis hijos se fueron al sur, es usar mi mente para fabricar una visión de un futuro similar y después sentir toda la aflicción, la tristeza, el trauma, llorar por las aflicciones que quizá nunca llegarán. Podría paralizarme bajo el peso de todas esas fantasías. Podría aplastar mi espíritu. Podría cometer un lento suicidio.[2]

A menudo siento cómo crece esa tentación. Las primeras escenas comienzan a proyectarse en mi imaginación, y tengo que decidir si dejaré que continúen o si se los impediré. Sé lo que dijo Jesús: «Por tanto, no se preocupen por el *día de* mañana; porque el *día de* mañana se cuidará de sí mismo. Bástenle a cada día sus propios problemas».[3] Sé que es responsabilidad de Dios preocuparse por el futuro, la mía vivir bien en el presente. Sé que Dios promete gracia suficiente para cada prueba, pero solo las pruebas que ya han sucedido, que existen en el mundo real en lugar de existir en el mundo de la fantasía. Sé que el poder de Dios se perfecciona en la debilidad genuina, no imaginaria.

Pero, aun así, siento el tirón de la ansiedad; aun así, comienzo a ver esas escenas en mi mente, a sentirlas con mis emociones, a temerlas en mi corazón.

He aprendido que la tristeza a menudo está acompañada del temor, y que este la amplifica. La madre cuyo hijo ha sido atropellado por un automóvil se preocupa por la seguridad de sus otros hijos al cruzar la calle; el padre cuya hija murió en un accidente de tráfico tiene miedo cada vez que sus otros hijos se suben a un automóvil. Y yo, con un hijo que se desplomó y murió, no puedo dormir por la noche hasta que recibo la certeza de que mis dos hijas aún están vivas, y no puedo estar tranquilo en la mañana hasta que estoy seguro de que ambas han sobrevivido a la noche. La muerte de Nick nos ha hecho enfrentar la mortalidad y la fragilidad humana de una manera totalmente nueva. Bien podría pensar que mis hijas están hechas de cristal. Tan solo temo que, si la Providencia dictaminó que perdiera a uno de mis hijos, podría decretar que pierda otro. Si ha decidido que enfrente esta aflicción, ¿por qué no otra?

Entonces, ¿cómo puedo librarme de tal ansiedad? ¿Cómo puedo continuar viviendo? El único antídoto que conozco es este: someterme deliberadamente a la voluntad de Dios, porque el consuelo está íntimamente relacionado con la sumisión. Mientras luche contra la voluntad de Dios, mientras batalle con el derecho de Dios de gobernar su mundo a su manera, la paz se mantiene distante y furtiva; sin embargo, cuando me rindo, cuando doblo mi rodilla, entonces la paz fluye como un río y llega a mi camino.[4] Porque, cuando lo hago, recuerdo que la voluntad de Dios es inseparable de su carácter. Recuerdo que la voluntad de Dios siempre es buena porque Dios siempre es bueno. Así que hago una oración de fe, no de fatalismo: «Hágase tu voluntad. Que no sea lo que yo quiero, sino lo que tú quieres».

Hay consuelo en cualquier oración, consuelo al pedirle a Dios su cuidado, su bendición, su protección. Hay consuelo al expresar mis deseos, mis preferencias, mis esperanzas y mis planes; pero hay más consuelo aún al envolverlo todo en esta oración. Oro como una profesión de fe, como un reconocimiento del amor de Dios, de la bondad de Dios, de la soberanía de Dios. Oro como una declaración de que su conocimiento es más extenso que el mío, de que su voluntad es mejor que la mía, de que su sabiduría es más alta que la mía.

Así que oraré por los deseos de mi corazón. Le pediré a Dios que bendiga y proteja a mi hija. Le rogaré que la traiga de regreso a casa en mayo, pero el hilo de acero que compone el tejido de esta oración no es «hágase mi voluntad» sino «hágase tu voluntad». Al final, si va a haber consuelo, no estará cimentado en la esperanza de que nada malo me ocurrirá a mí ni a las personas que amo, sino en el Dios perfecto cuyo carácter perfecto se muestra en su perfecta voluntad.

CAPÍTULO 19

A mi hijo en su vigésimo primer cumpleaños

¡Feliz cumpleaños, hijo mío! ¡Hoy cumples veintiuno! O mejor, habrías cumplido. ¿Se celebran los cumpleaños en el cielo? ¿Se cuentan los días, los meses y los años? Confieso que solo he comenzado a darme cuenta de lo poco que sé sobre el lugar al que te has ido. Tengo muchas preguntas, y muy pocas respuestas, así que solo puedo conseguir contestaciones creíbles en la Biblia, que parece estar menos interesada en describir la vida en el cielo que en dirigir la vida en la tierra. Es mejor así, estoy seguro. Imagino que tendré que esperar y obtener mis respuestas cuando llegue.

Por cierto, realmente no sé cómo es eso de llegar al cielo; sin embargo, espero que tú estarás ahí cuando me llegue el momento. Te extraño mucho. Extraño tu voz, tu sonrisa y tus carcajadas. Extraño tu sabiduría, tu paciencia y tu bondad. Extraño ser padre de un hijo varón. Ser tu papá fue verdaderamente uno de los mayores honores que podría haber imaginado nunca, y vivir más que tú es una de las aflicciones más profundas. Estoy muy contento de que estés allá, por supuesto, pero a la vez muy triste porque no estás acá. Ahora siento un vacío en mi vida. Una parte de mí murió contigo aquel día, una parte de mí mismo, lo mejor de mí. Tú eras la mejor parte de mí, por lo que estoy seguro de que nunca volveré a estar completo a este lado de la eternidad.

Estoy muy orgulloso de ti, Nick. Orgulloso de la vida que viviste y del legado que dejaste. Todos los que te conocían han hablado bien de ti. Amigos, vecinos, estudiantes, primos, miembros de la iglesia, todos hablaban de ti como un hombre que era amable y bueno, bondadoso y gentil. Tus colegas del supermercado nos enviaron un libro de recuerdos, y muchos de ellos hablaban de un hombre que había sido paciente y amigable, y que les había hablado de Jesús. No había culpa alguna que acompañara tu vida, ni escándalo, ni deshonra. Supimos secretos acerca de ti, pero todos eran buenos, sobre las personas a las que calladamente diste mentoría, las reuniones de oración a las que solo tú ibas, las personas a las que otros menospreciaban pero a las que tú amabas. Viviste con honor e integridad. Moriste como un hombre de carácter irreprochable. Corriste bien tu corta carrera.

Es probable que debiera confesar que indagué en el historial de búsqueda en tu computadora, pero solo para ver si podía conseguir algunas pistas sobre cómo moriste. Tal vez habías estado buscando síntomas de algo. Pero no, resultó que no; e incluso ahí, no encontré ni una sola búsqueda, ni una sola página web que fuera menos que irreprochable. Está claro que el hombre que eras en privado era el mismo que todo el mundo veía, y eso hace que mi corazón esté lleno de orgullo. A menudo he pensado que es mucho mejor ser el padre de una alegría que se ha ido que de una aflicción que vive.[1] Tú me diste mucho gozo en la vida y, al margen de todas las lágrimas, también me has aportado mucho gozo en tu partida.

Ahora hago algunas bobadas, cosas que probablemente te harían reír o quizá hacer un gesto con los ojos, cosas como hacerte un café antes de visitarte en el cementerio el domingo por la tarde. Es absurdo, lo sé, pero me recuerda los cientos de veces que te hacía tu café antes de irte al trabajo o a la escuela. Nos conectábamos en torno a un café, conversábamos sobre diferentes sabores, diversos tuestes, distintos métodos de hacerlo, así que a veces te hago un café y lo dejo ahí. No tiene sentido, imagino, pero ¿quién puede juzgar eso? Y, realmente, una de las partes más difíciles de mi pérdida es que aún permanecen en mí todos los sentimientos de amor, aunque no hay manera de expresarlos. Durante veinte años siempre hubo algo que podía darte, algo que podía hacer por ti, alguna forma de poder consentirte. Pero ahora estás fuera de todo eso, no tienes necesidad de nada, no hay expresiones de amor que pueda manifestarte. Es difícil para un papá.

Le pedí al abuelo que hiciera una caja de cristal para tu Biblia, la que te regalé cuando decidiste ir al seminario. Voy a dejarla abierta en 1 Corintios 15 (el pasaje que el Dr. Schreiner leyó de forma tan conmovedora en tu funeral) y la voy a tener siempre cerca de mí. Así, siempre que lo necesite podré mirar y leer la gran promesa que me hace seguir delante: «Porque así como en Adán todos mueren, también en Cristo todos serán vivificados».[2] Hay una gran esperanza en esas palabras, una gran promesa, un gran gozo al que poder mirar con expectación. Volveremos a estar vivos y juntos para siempre.

Estarías muy orgulloso de mamá. Incluso después de veintidós años de matrimonio, yo no hubiera sido capaz de predecir cómo respondería ella a algo tan desgarrador, cómo lidiaría con el hecho de despertarse para vivir su peor pesadilla, pero lo ha hecho con fortaleza, con gracia, con bondad. Creo que, de todos nosotros, puede que ella sea la que ha sufrido la pérdida más dura, porque tiene el corazón más compasivo y el que más unido estaba a ti. ¿Quién podría negar que ustedes dos tenían un vínculo especial? Pero se está aferrando a la verdad, predicándosela a sí misma, y ministrándola a todos nosotros.

También estarías orgulloso de tus hermanas. Michaela a menudo se acurruca junto a mí en la noche para llorar un poco, para expresar su tristeza pero también su esperanza, reconociendo que esta es la voluntad de Dios, así que debe ser buena y correcta. Ella te admiraba, y atesora los recuerdos de todas tus buenas palabras y acciones para con ella. Abby ha regresado a la universidad y le está yendo bien. Ella te admiraba y te consideraba su mejor amigo, el confidente de más confianza. Pero ella también ha decidido que confiará en Dios en su aflicción así como lo hizo en todas sus alegrías. Juntos, todos hemos decidido mantenernos fieles a Cristo, fieles al evangelio, fieles hasta el final, para que todos podamos tener una gran reunión familiar. ¡Será un día extraordinario!

También estarías orgulloso de tu preciosa Ryn. Su tristeza como novia tuya que era encaja en una categoría difícil. Ella había decidido vivir el resto de su vida contigo, alinear sus sueños con los tuyos, pero aún no lo había hecho oficial mediante el matrimonio; por lo tanto, su tristeza es muy parecida a la de una viuda, pero sin el nivel de apoyo y entendimiento que reciben las viudas. Sin embargo, es fuerte y piadosa, y soporta bien su dolor. Estarías feliz de saber que ella y mamá se han hecho amigas y conversan casi todos los días. Ahora está unida a nuestra familia, y esperamos que siempre se sienta parte de ella.

Supongo que también te alegraría saber que hoy estamos todos juntos en Louisville. Pasaremos el día con Ryn, lloraremos un poco, nos reiremos un poco, y después mamá hará la tradicional pizza del viernes en la noche. También vamos a pasar tiempo con algunos de tus amigos; y, por cierto, todos llevarán una gorra azul en tu honor. ¡Sé que estarías un poco avergonzado! El domingo regresaremos a casa y, después, imagino que la vida continuará.

Y la vida tiene que continuar, ¿no crees? ¿Qué otra opción tengo sino la de llevar esta carga, llevar esta cruz, proseguir hasta el cielo, continuar hasta llegar a verte? Dios ha usado tu muerte para ayudarme a quitar del todo mis dedos de este mundo, para hacerme anhelar el cielo de una forma totalmente nueva. Pero también la ha usado para darme nuevas instrucciones para la vida, para hacer que quiera sacar el máximo partido de mi tiempo aquí en la tierra. Mi anhelo del cielo es ahora inseparable de mi anhelo de verte. Estoy impaciente.

¡Oh, mi Nick, te extraño tanto! Han pasado 203 días desde que te despedí con un abrazo, 124 días desde que hablé contigo, 122 días desde que te fuiste al cielo. Se me ha hecho muy largo, pero a la vez muy corto. Y espero que ocurra lo mismo con el tiempo que haya entre hoy y el día en que volvamos a estar juntos. Santiago dice que la vida es como el vapor, como un soplo, un pestañeo, un susurro.[3] Soy más consciente de eso que nunca, de que cada día es precioso, de que cada día es un regalo que debo usar para el bien de otros y la gloria de Dios. Así que discierno en oración la obligación de cada día y la llevo a cabo lo mejor que puedo. Después, cuando llega la noche, me duermo pensando: Cuando despierte, estaré un día más cerca de Nick; y si no despierto, finalmente estaré con Nick. Y, para ser sincero, cualquier opción de las dos es buena.

Te veré pronto, querido hijo.

Te amaré siempre. Papá.

CAPÍTULO 20

Nostálgico

En estos días, mis pensamientos giran en torno al cielo. En esos momentos en los que estoy entre dormido y despierto, en esos momentos en los que inclino mi cabeza para orar, en esos momentos en los que levanto mi voz para cantar, mi mente a menudo se va a ese lugar y a su pueblo. Mi padre hizo el viaje no hace mucho tiempo y mi hijo viajó poco después de él. Los dos hombres clave de mi vida, aquel tras cuyas huellas caminé y aquel que seguía mis huellas, me han precedido y ambos me esperan. Nunca había tenido un anhelo tan grande por estar allá, porque nunca había sido capaz de visualizar una bienvenida de personas tan familiares, tan amadas, tan sumamente extrañadas.

La Biblia tiene mucho que decir sobre el cielo, y gran parte de ello se presenta en un lenguaje que demanda análisis y meditación, un lenguaje que nos señala hacia lo literal mediante lo evocativo. Se nos dice que el cielo tiene puertas de perlas y calles

de oro. Tiene paredes de jaspe y aguas de cristal. Tiene la forma
de un cubo, donde cada una de sus murallas está adornada con
piedras preciosas. Es brillante, pero sin sol ni luna, porque Dios
mismo es su luz.[1] El cielo es un misterio. Debe ser mucho mejor
de lo que podamos imaginar, y está tan lejos de nuestra comprensión, que solo las representaciones poéticas pueden acercarse
un poco para intentar hacerle justicia. Pero, aunque esas imágenes no logren dibujarlo de manera perfecta en nuestra mente, en
verdad nos hacen anhelarlo en nuestro corazón.

Sin embargo, hay mucho menos misterio y mucha más
familiaridad en su descripción más preciosa: el hogar. Para cada
uno de nosotros, el Padre ha reservado una habitación en su
hogar, dice Jesús, y Él mismo ha ido a prepararla. Dejar atrás
el cuerpo es estar con el Señor, asegura el apóstol Pablo.[2] Y, por
eso, su anhelo y el nuestro es estar lejos de esta frágil tienda y
llegar a salvo al gran hogar que la mente de Dios ha planeado en
forma tan cuidadosa, que la mano de Dios ha construido con
tanto cuidado. Qué consuelo supone saber que, cuando llegamos
al final de nuestra vida, no nos vamos al éter o desaparecemos en
el vacío, sino que simplemente vamos a casa.

Todos sabemos lo que es estar en casa. El hogar es un lugar
seguro, donde estamos a salvo, donde sentimos la familiaridad.
Cuando nos vamos lejos, anhelamos regresar a casa porque
sabemos que siempre dejamos atrás una parte de nuestro propio
ser. Por muy buenas que sean unas vacaciones, por muy maravilloso que sea un viaje, el hogar siempre nos atrae; siempre nos
invita a regresar. Es en casa donde siempre somos bienvenidos,
es en casa donde nos encanta celebrar, es en casa donde somos

auténticamente nosotros. Ningún otro lugar nos ofrece más confort, ningún otro lugar nos ofrece más gozo, más paz, más amor, que nuestra casa.

Y ahora mismo siento nostalgia por casa. Aunque en este mismo momento estoy dentro de las paredes de mi hogar, sé que es verdaderamente tan solo el cobijo de un viajero, un lugar para descansar brevemente durante el camino. Porque yo mismo soy solo un peregrino que hace un largo viaje por el desierto hacia esa gloriosa tierra prometida, esa morada eterna perfecta. Aunque estoy aquí, anhelo estar allá. Anhelo llegar a la orilla del Jordán, cruzarlo de forma segura, poner los pies en la orilla, y entrar por las puertas de la Ciudad Santa. Hay menos cosas que nunca que me retienen aquí, y hay más allí que me instan a que vaya, que me instan a regresar a casa, que me llaman a ese lugar en el que anhelo estar.

Estoy convencido de que, a pesar de mi anhelo, estar aquí es más necesario que estar allá, al menos por ahora. Dios tiene personas a las que debo amar, propósitos que debo cumplir, cargas que debo llevar. Continuaré preparándome para el lugar que Dios ha preparado para mí, continuaré caminando por la senda estrecha que Él ha trazado para mí sabiendo que, ya sea llana o rugosa, esté asfaltada o llena de baches, esta senda me lleva a casa. Con cada paso siento que la anticipación crece, con cada paso la nostalgia se asienta más profundamente. ¡Anhelo estar en casa! Cuando las tormentas de la vida rujan a mi alrededor, ¡casa! Cuando los afanes de la vida amenacen con abrumarme, ¡casa! Cuando las pérdidas de la vida amenacen con quebrarme, ¡casa! Mis ojos se esfuerzan por verla, mis oídos por oírla, mis manos por asirla. Hogar, dulce hogar. El hogar donde está mi Dios. La casa donde está puesto mi corazón. La casa donde está mi padre. La casa donde está mi hijo. Simplemente, maravillosamente, eternamente casa.[3]

CAPÍTULO 21

Flores en el desierto

Hace unos años atrás, Aileen y yo nos dimos cuenta, en forma bastante repentina, de que nuestros hijos ya habían crecido lo suficiente como para quedarse solos durante unos días. Los dos estábamos seguros de que a ambos nos vendría muy bien pasar un tiempo fuera, tener algo de tiempo para nosotros solos. Buscamos vuelos a Arizona, donde podríamos cumplir nuestro sueño de explorar algunos de los mejores parques nacionales de los Estados Unidos y ver parte de la mejor belleza natural.

¡Y vaya que fue bello! Hicimos senderismo por la famosa ruta Canyon Overlook Trail en la noche para poder ver el amanecer en el Parque Nacional Zion. Más adelante, ese mismo día, vimos al mismo sol ponerse sobre las arenas rojizas de Bryce. Nos maravillamos al ver los acantilados Vermilion, admiramos la inolvidable majestad del Gran Cañón, y nos quedamos anonadados con la fuerza del potente Colorado. Nos impactó toda esa belleza y alabamos a Dios por la obra de sus manos. Sin embargo, mientras nos acostábamos en la oscuridad de nuestro hotel y planeábamos nuestro último día de esas cortas vacaciones, no podíamos deshacernos del sentimiento de habernos perdido de alguna manera lo mejor de toda esa belleza.

Decidimos dejar a un lado los mapas, dejar a un lado las rutas turísticas, y entregarnos a lo inesperado. A la mañana siguiente, temprano nos dirigimos al desierto, siguiendo sendas que cada vez se hacían más estrechas y más difíciles a medida que nos iban alejando del camino transitado. El cielo se oscurecía a nuestro alrededor, los truenos comenzaron a sonar y amenazaba una gran tormenta. Y fue en ese lugar y en ese momento, lejos de todos y de todo, donde encontramos la inspiración que habíamos extrañado. Fue un paisaje reseco, con un cielo feroz, un cactus imponente y, en medio de todo eso, unas flores preciosas. Bajo la oscuridad de un cielo nublado, sobre la pura arena del desierto, de pie ante crueles púas encontramos flores que mostraban su imponente belleza. Sus brillantes flores contrastaban con el cielo oscurecido; sus suaves pétalos, con las afiladas púas; sus hojas verdes, con la arena seca. Encontramos flores en el desierto, belleza debajo de cielos amenazantes, esplendor junto a los pinchos. Nos detuvimos, admiramos, nos deleitamos. Regresamos a casa satisfechos, regocijándonos.

Dios hace muchas promesas, las mejores son para nuestros peores momentos. Cuando estamos aplastados y casi destruidos, más anhelamos el consuelo de Dios, la seguridad de Dios, las palabras de paz de Dios. Quizá lo más precioso de todo es esto: todo coopera para bien.[1] Los que amamos a Dios y somos amados por Él podemos tener la confianza de que Él está obrando a través de todas las circunstancias de nuestra vida para sacar algo bueno de lo malo, luz de la oscuridad, gozo de la tristeza. No es que Dios sea especialmente ágil, como una especie de relacionista público cósmico adepto a manipular las circunstancias, sino que es el planeador, el ingeniero, el diseñador, que ha ordenado tanto los medios como el fin. Él ordena la calma y la tormenta, el anochecer y el amanecer, la hambruna y el banquete. Siendo así, ningún evento está carente de sentido, ninguna situación está carente de propósito, ninguna condición queda finalmente carente de esperanza. Dios está obrando su buena voluntad, no a pesar de los días oscuros, las pruebas difíciles y los corazones rotos, sino a través de ellos. Tales circunstancias son la materia prima que Él usa para formar y moldear sus buenos planes, sus propósitos perfectos.

Cuando Jesús habló a sus discípulos la última noche de su vida, dijo: «Ahora tú no comprendes lo que Yo hago, pero lo entenderás después».[2] Estaba a punto de ser traicionado, de ser llevado prisionero por una turba, de ser abandonado y negado por sus amigos, de ser horriblemente atacado y cruelmente asesinado, de enfrentar la pura y santa ira de Dios contra el pecado. Estaba a punto de soportar las circunstancias más horribles y dolorosas que pudiera experimentar cualquier persona de cualquier época en toda la historia. Y a sus amigos se lo explicó de esta forma, con palabras de afirmación: después. Después lo entenderás. Al final todo esto tendrá sentido, pero solo después. Todo quedaría claro, pero solo cuando se completara. Tendrían que soportar antes de poder entender. Porque, para que haya un glorioso domingo de resurrección, primero debe haber un terrible viernes santo y, entre ellos, un triste y confuso sábado.

La historia de la obra de Dios en este mundo está llena de estos «después». José tuvo que ser esclavo por muchos años antes de poder ser gobernador y decir a sus hermanos: «pues para preservar vidas me envió Dios delante de ustedes» y «Ustedes pensaron hacerme mal, *pero* Dios lo cambió en bien». La madre de Moisés tuvo que ponerlo en una cesta sobre el río y soltarlo para que lo criara una princesa extranjera antes de saber que su hijo sería el líder del gran éxodo. Pedro tuvo que ser testigo de la muerte de Jesús y soportar tres días de confusión y perplejidad antes de poder decir a los que habían matado al Señor que solo habían hecho lo que la mano y el plan de Dios habían predestinado que ocurriera.[3] Hubo algo bueno en todas esas maldades: promesas cumplidas, personas redimidas, salvaciones forjadas, pero lo bueno estaba atado al después.[4]

«Todas las cosas cooperan para bien» es una promesa de «después», una promesa que debo tomar por fe, porque no siempre es aparente a la vista. No es una píldora mágica que alivia de inmediato todo mi dolor, ni la panacea para una sanidad instantánea de todas mis heridas, pero tampoco tiene intención de serlo. Las promesas de Dios se asientan junto a mi dolor para fortalecerme en medio del padecimiento. Levanto mis manos doloridas en adoración, alzo una voz temblorosa en alabanza, levanto mis ojos llenos de lágrimas hacia el cielo. «Todas las cosas cooperan para bien» es la afirmación de Dios de que, si confío en Él en mi presente, Él sacará algo bueno en el futuro. Esteban fue apedreado hasta la muerte, la iglesia fue dispersada, pero el evangelio se dispersó con ella, ¡Dios hizo que todo cooperase para bien! Pedro sufrió encarcelamiento, pero la iglesia conoció el poder de la oración, ¡Dios hizo que todo cooperase para bien![5] No hay circunstancia que esté fuera del alcance del «para bien» porque no hay circunstancia que esté fuera del plan definido y de la presciencia de Dios.

Y por eso Dios me ha llamado a confiar en Él en los desiertos secos y en los verdes pastos, en las tumultuosas profundidades y en las aguas superficiales, en las aflicciones más profundas y en los gozos más grandes. Porque la especialidad de Dios no es sacar bueno de lo bueno, sino bueno de lo malo. Si confío en Él en mis lágrimas, tendré la certeza de que me dará razones para reír; si confío en Él en mi dolor, Él me enseñará a alabar; si confío en Él en mi tristeza, Él me mostrará después todo lo bueno que vino con ello y a través de ello. Él me mostrará las preciosas flores en el seco desierto, la floración en medio de los afilados espinos, los suaves pétalos bajo el cielo furioso. Porque detrás de cada nube negra hay un sol amarillo, detrás de cada noche oscura llega un día brillante, detrás de cada providencia con el ceño fruncido hay un rostro sonriente,[6] el rostro sonriente del Dios que dispone todas las cosas para el bien de quienes lo aman, los que han sido llamados de acuerdo con su propósito.[7]

Primavera

CAPÍTULO 22

Ni un momento antes

Los días son cada vez más largos, el aire cada vez es más cálido y el invierno finalmente está dejando paso a la primavera. En los campos a las afueras de la ciudad, un agricultor prepara el terreno para otra estación de crecimiento. Ya ha examinado la tierra para comprobar su textura y su fertilidad, ahora está arando sus campos, soltando la tierra y removiéndola para exponerla al sol, a la lluvia y a preciados nutrientes. En cuanto él esté seguro de que ya no habrá más heladas este año, comenzará a plantar las semillas. Planta maíz además de otros cultivos: zanahorias, frijoles, pimientos, guisantes, calabazas. En unas pocas semanas, la tierra fría y oscura se llenará de vida con los primeros brotes verdes que comenzarán a asomar entre la tierra.

El agricultor sabe que los frijoles serán los primeros en estar listos, porque solo necesitan un par de meses para crecer y madurar. Con el paso de las semanas examinará cuidadosamente su forma, su grosor, su frescura. Los cosechará solo cuando sea el momento apropiado. Las zanahorias estarán listas poco después, y las sacará de la tierra cuando esté seguro de que están en su mejor momento, cuando estén más jugosas, con más sabor. A las zanahorias les seguirán los guisantes y, cuando llegue el verano, los pimientos y el maíz. Finalmente, con los primeros fríos del otoño, declarará que las calabazas están maduras y listas, justo a tiempo para la fiesta de Acción de Gracias y los sustos de Halloween.

El agricultor detiene su tractor, se baja e introduce las manos en la rica tierra. Pasa la tierra entre sus dedos, y la examina cuidadosamente. ¿Qué busca? ¿Qué espera? ¿Qué pequeña profecía puede contener esa tierra? Yo sé muy poco sobre agricultura y los ciclos de siembra y siega, de plantar y cosechar. Como hombre de ciudad, confío en que agricultores como ese planifiquen sabiamente, que actúen con juicio, que suplan lo que yo no podría proveer por mí mismo. Confío en que él sabe cuándo está lista cada planta, cuáles estarán plenamente maduras después de setenta días, cuáles estarán mejor a los ochenta días y cuáles deben esperar hasta los cien días. Confío en que él sabe cuándo cada semilla está lista para ser plantada y cuándo cada cosecha está lista para ser recolectada.

En las historias que nos cuentan sobre Jesús, Él a menudo se refería a agricultores y a la agricultura, a las plantas y al terreno, para ilustrar realidades espirituales. El sembrador salió a sembrar», decía. «El reino de los cielos puede compararse a un hombre que sembró buena semilla en su campo». «Alcen sus ojos y vean los campos que *ya* están blancos para la siega».[1] Y aún hoy, la granja y el granjero plantean una pregunta: ¿No debería yo confiar en que Dios sabe cuándo está lista cada persona para ser cosechada de la tierra en la que ha crecido? ¿No debería confiar en que Dios sabe cuándo cada persona está lista para ser arrancada de la vida que Dios mismo nos ha dado? ¿Acaso no tiene mucho más valor un ser humano que una planta, y la sabiduría del Creador no es mucho mayor que la sapiencia de cualquier agricultor?

Yo esperaba y suponía que Nick iba a ser una cosecha tardía, no temprana, que sería cosechado en el otoño o el invierno de la vida y no en los primeros días del verano. Nunca habría imaginado que su tiempo llegaría antes que el mío, porque hay algo muy poco natural en que un padre sobreviva a su hijo. Pero seguro que Dios es más sabio, ¿no es cierto? Si incluso el buen agricultor sabe cuándo cosechar cada planta, ¿cómo no va a saber nuestro Dios bueno cuándo llamar a cada uno de sus preciosos hijos? ¿Acaso no sabe cuándo está listo cada uno, cuándo está maduro cada uno, cuándo cada uno está perfectamente preparado para ser recolectado? Por supuesto que lo sabe.

Mi reto es confiar en Dios con respecto a mi hijo del mismo modo que confío en los agricultores en cuanto a mi comida. Sería una gran necedad, un gran engaño, una gran presunción, que entrara yo en el campo del agricultor y le dijera cuándo preparar, cuándo plantar, cuándo sembrar y cuándo arar. Eso es cosa suya, no mía. El agricultor es quien tiene la sabiduría para saber esas cosas, no yo. Y, del mismo modo, sería imprudente, sería arrogante, sería totalmente blasfemo que yo demandara que Dios cediera a mi voluntad, a mi plan, a mis deseos, a mi limitado entendimiento de los hechos; porque los asuntos de vida y muerte entran en la jurisdicción de Dios, no del hombre. Eso pertenece al dominio de ese Padre, no de este padre.

Por lo tanto, confío en que Nick vivió el número de años, días, horas, minutos y segundos que eran perfectos para él. Su vida no fue acortada, sino vivida hasta el momento final del buen plan de Dios. Dios lo guardó hasta que estuvo listo para irse y listo para ser tomado, listo para ser cosechado. Entonces, Dios lo llamó a casa. Como el viejo Enoc, el joven Nick anduvo con Dios, y desapareció porque Dios se lo llevó.[2] En la sabiduría de Dios y según la voluntad de Dios, él no murió ni un momento después ni un momento antes.

CAPÍTULO 23

¿Cuán largo es
el guion?

Al fin han instalado la piedra sepulcral y he ido a verla por primera vez. Había estado esperando este día y también temiéndolo en la misma medida. Durante meses he tenido que visitar una tumba sin señalización alguna, un montículo de tierra sin ninguna identificación del nombre de la preciosa persona que descansa en su interior. Seguro que mi hijo se merece algo mejor; sin embargo, ahora que está puesta, también detesto ver su nombre esculpido en una piedra. Hay algo antinatural en esto, algo muy duro. No sé decir si esta piedra es la honra final asociada a su vida o la indignidad final asociada a su muerte.

Leo en voz alta las palabras que preparé hace meses atrás. En ese entonces eran efímeros caracteres negros tecleados sobre una parpadeante pantalla blanca; ahora son caracteres blancos permanentes grabados en una piedra negra pulida. Era importante para mí entonces, y sigue siendo importante para mí ahora, que su fe cristiana quede tan explícita en su muerte como lo fue en su vida. En un lugar donde muchos son enterrados bajo insípidos clichés e iconografías triviales, yo quiero que el mundo sepa que este hombre amaba a Jesús y se fue para estar con Él.

NICHOLAS CHALLIES

5 de marzo de 2000 – 3 de noviembre de 2020
Hijo leal de Tim y Aileen,
buen hermano de Abigail y Michaela,
novio fiel de su amada Ryn,
fiel seguidor de Jesucristo.

Peleó la buena batalla,
terminó la carrera,
guardó la fe.

Mis ojos se fijan en esas dos fechas y el guion que hay entre ellas. Me pregunto: ¿cuán largo es ese guion? ¿Cuán largo es ese pequeño símbolo que usamos para separar la fecha de nacimiento de la de defunción? ¿Mide un centímetro? ¿Dos? En un sentido no importa, pero en otro sentido importa mucho, porque en esa pequeña raya está encapsulada la historia de una vida vivida y después perdida, una vida que comenzó y terminó, una vida celebrada y después llorada. Para el anciano enterrado en la tumba adyacente a esta, la distancia entre el extremo derecho y el izquierdo de ese guion habla de siete décadas abundantes y plenas. Para la pequeña que hay en la siguiente fila, representa solo unos meses. Para Nick, representa veinte años: 5 de marzo de 2000 – 3 de noviembre de 2020.

Me imagino por un instante que los guiones de cada lápida que hay aquí fueran proporcionales a la longitud de la vida existida. Los que murieron siendo bebés, cuya vida terrenal se midió en minutos o en horas, quizá tendrían un guion no más largo que una fracción de centímetro. Los que murieron de niños quizá tendrían un centímetro. Nick vivió veinte años, así que tal vez el suyo podría medir dos o tres centímetros. Y así proporcionalmente: cinco centímetros para los de cuarenta años, diez centímetros para los de ochenta años. Tal vez podría dar una bonificación extra a los pocos que llegaron a ser centenarios. Si el viejo Matusalén estuviera enterrado aquí, puede que su guion tuviera cerca de un metro sobre un monumento absurdamente largo.

Y entonces me pregunto: *¿Cuán larga es la eternidad? ¿Cuán largo es vivir para siempre? ¿Qué tipo de guion representaría la vida que tiene un inicio pero que nunca tiene fin? ¿Cuán larga sería la línea que comienza el 5 de marzo del 2000 y se extiende diez mil veces diez mil años?* Esa línea se saldría del borde de este monumento, traspasando el perímetro de este cementerio y saliendo de los límites de la ciudad. Llegaría hasta las bonitas provincias marítimas de Canadá, cruzaría el frío Atlántico, y tocaría las costas occidentales de Europa. Cruzaría las desnudas estepas del Oriente, saltaría el Himalaya, cruzaría el continente asiático y se zambulliría en el poderoso Pacífico. Tras recorrer miles de kilómetros por el suelo del profundo océano, volvería a tocar la tierra, cruzando las praderas de Canadá, para finalmente regresar una vez más a Oakville. Pero, aun así, tan solo estaría empezando porque volvería a circunnavegar el planeta, y después lo haría otra vez. Llegaría interminablemente más lejos que la circunferencia de esta tierra, envolviendo infinita y eternamente este gran planeta una y otra vez. Esa es la verdadera duración de la vida, la verdadera longitud del guion, para las almas inmortales hechas a imagen de un Dios inmortal.

Tengo poca capacidad para entender la eternidad, para imaginarme el para siempre, para comprender algo que comienza pero que nunca termina. Mi mente es demasiado débil, mi imaginación es demasiado limitada y mi visión está demasiado nublada. Sin embargo, esta es la promesa que Dios ha hecho: que todo aquel que pone su fe en Jesús recibe vida eterna, que a todo aquel que acepta su regalo de gracia se le otorga vida sin fin, que todo aquel que muere en Él reinará con Él para siempre y por siempre.

Me siento retado y a la vez consolado con esta idea. A menudo lamento la brevedad de la vida de Nick, lo repentina que fue su partida. Muchas veces me pregunto qué importancia puede haber en una vida que solo duró veinte años. Sin embargo, si nuestros guiones se extienden eternamente en el infinito del tiempo y el espacio, hay poca diferencia entre el que tiene un centímetro o dos, o el que tiene dos o cuatro, que representan nuestro tiempo aquí en la tierra. Este mundo es meramente el lugar de preparación para lo que hay por delante. Es el salón de clase, el campo de entrenamiento, la escuela de la llegada. Incluso los que mueren siendo más ancianos son como una neblina que aparece por un momento y después desaparece, como un aliento que se inhala, se retiene un momento y después se exhala. Comparado con la eternidad, incluso la vida más larga aquí es un parpadeo, un segundo en el reloj, la longitud de un guion.

Cuando Jesús se estaba preparando para despedirse de sus discípulos, les hizo una promesa: «Dentro de poco, ya no me verán más; pero tiempo después, me verán de nuevo».[1] Él se iba, pero no permanentemente. Se estaba marchando, pero no para siempre. «Dentro de poco», les dijo. Esa promesa debió haber sido preciosa para ellos mientras esperaban perplejos después de la crucifixión, mientras esperaban con expectativa tras la ascensión, mientras trabajaban durante la persecución que siguió a Pentecostés. «Dentro de poco». Aguanten un poco más. Solo resistan un poco más de tiempo. Esperen un momentito, un segundo, un guion y entonces verán que cumplo mi palabra, que soy fiel a cada una de mis promesas.

«Dentro de poco». Estas son las palabras a las que me aferro tanto como lo harían los discípulos. Extraño a Nick más de lo que soy capaz de expresar. Me duele no verlo, anhelo abrazarlo, ansío hablar con él. Y lo haré. Estoy seguro de que lo haré. Jesús ha prometido que hay un gozo inagotable después de esta vida finita. No sé cuánto tiempo de vida me habrá concedido el Señor. No sé cuándo llegará mi «poco tiempo», cuándo me llegará el turno de que bajen mi cuerpo a la tierra junto al de mi hijo, cuando ordenen mi lápida, la graben y la instalen. No sé cuál es la fecha que grabarán en ella para representar el tiempo de mi partida, pero sé que, ya sea que falten días o décadas, la línea entre el día de mi nacimiento y el día de mi defunción representará un parpadeo, un brevísimo momento, al compararse con la vasta eternidad venidera. Y entonces estaré para siempre con mi hijo, justo al otro lado del final de mi guion.

CAPÍTULO 24

Un cuarto vacío

En cualquier caso, habríamos ordenado y despejado el cuarto de Nick. Si todo hubiera ido según el plan, el suyo y el nuestro, se iba a casar dentro de unas semanas y ya no necesitaría más el cuarto que tuvo durante casi veinte años. Sin embargo, las cosas no salieron según el plan, ni el suyo ni el nuestro, y ahora estamos despejando su cuarto pero en circunstancias muy diferentes.

Nos tomó más de cinco meses llegar a este punto. Durante cinco meses, todo ha estado prácticamente como estaba cuando él salió de su cuarto para regresar al seminario y cursar su tercer año. Por cinco meses ha sido un tipo de monumento, una cápsula del tiempo congelada en un momento, un recordatorio de días más felices. Durante cinco meses, la puerta ha permanecido cerrada.

Su cuarto es una de las pocas cosas en este mundo que él verdaderamente personalizó. Las aves tienen sus nidos y las zorras tienen sus guaridas, y los jóvenes sus cuartos. Él escogió los cuadros de la pared y compró los libros que hay en las estanterías. Todas las baratijas que están ahí son las que de alguna manera eran importantes para él, y las cartas guardadas ahí son las que su novia le había enviado mientras soportaban la separación de un largo invierno. De algún modo, todavía huele a él por aquí, aunque no sé muy bien cómo; tal vez sean los restos del olor de su desodorante o su gel para el cabello. Entiendo por qué algunos padres ni siquiera pueden cambiar el más mínimo detalle del cuarto de sus hijos. Para ellos, se convierte en un tipo de santuario, una clase de espacio sagrado, donde pueden ir y reflexionar, ir y recordar, ir y llorar.

Hay algo significativo en cuanto a comenzar este proceso, en agarrar ese primer artículo y sacarlo del cuarto, ya que supondrá una especie de admisión de que Nick nunca más necesitará este espacio ni nada de lo que hay en él. Nunca volverá a pasar una noche en su cama, nunca jugará en su computadora, nunca leerá otro libro de los que están en sus estanterías. En cierto modo, te hace sentir rudo e imponente; ¿qué derecho tenemos de colarnos y toquetear sus posesiones? ¿Quiénes somos nosotros para decidir qué guardar y qué desechar, qué mantener y qué tirar? Sin embargo, hay que hacerlo.

Hay que hacerlo porque somos personas prácticas que viven en una casa pequeña y sabemos que será un cuarto muy hermoso para huéspedes; pero, Aileen insiste en que debemos comenzar de nuevo, que debemos deshacernos de todo y reemplazarlo. No puede haber ningún vínculo entre el cuarto que era y el cuarto que será; ni el color de las paredes, ni algún mobiliario común, ni fotografías en la pared. Puede ser el mismo espacio, pero debe ser un cuarto nuevo.

Empezamos por los libros. Los favoritos de su infancia están aquí, las historias de aventuras que rápidamente dieron paso a obras de historia. Recuerdo la vez que hicimos un largo viaje en avión y le dije que se podía llevar solamente dos libros. Él obedientemente escogió solo dos: uno de la historia de Canadá y otro de la historia del Tercer Reich, que sumaban más de tres mil páginas y pesaban más de tres kilos y medio. Creo que me quedaré con esos dos. Muy cerca están sus libros de texto del seminario: Nuevo Testamento, griego, hebreo, predicación, consejería. Pongo a un lado su Nuevo Testamento en griego, recordando una carta que envió su profesor para decir que Nick era uno de los mejores alumnos de griego que había tenido.

La ropa viene después, luego las fotografías y después la cama. Guardaremos el colchón y el somier, pero tendremos que cambiar las sábanas. Compruebo que el cuarto está empezando a tener eco a medida que se va quedando cada vez más vacío.

Lo último en salir es su escritorio. Está en la esquina más lejana del cuarto, con nada sobre su superficie, solo polvo y arañazos. No puedo evitar pensar en todas las veces que llamé a la puerta de Nick, escuchando hasta que él decía: «¡Adelante!», y después entraba para verlo ahí sentado, con su rostro radiante por el resplandor de la luz de la pantalla de la computadora. Al entrar, él apartaba su mirada del documento o del juego, retiraba la silla, ponía los pies sobre su cama, y decía: «¡Qué tal!». Aún casi espero encontrarlo ahí, verlo, oírlo, cada vez que entro.

Y ahora su cuarto está vacío, no es más que cuatro pareces desnudas y un piso de parqué desgastado que, por algún motivo, nunca llegamos a cambiar. Pero su cuarto realmente ya no es su cuarto, ¿cierto? Al sacar sus posesiones, hemos sacado su derecho a que lo sea. Ya no hay un lugar en este mundo que sea suyo, ya no hay un cuarto propio, ya no hay un lugar al que él pueda regresar. Ha salido y ha seguido adelante.

Por lo general, Toronto está considerada la ciudad más multicultural del mundo ya que, año tras año, cientos de miles de personas inmigran a ella desde todas las partes del mundo. A menudo, con el paso de los años y de las décadas, familias extensas completas emprenden el viaje. Los más jóvenes suelen llegar primero y después, en cuanto pueden, traen a sus esposas e hijos. Cuando la familia se ha estabilizado y ha acumulado algo de dinero, vuelven a cruzar el océano para extender la invitación a sus padres, abuelos u otros familiares. A medida que un miembro de la familia tras otro hace el viaje, las personas que se quedan en India, Nigeria o las Filipinas deben sentir que su apego a sus propios países es cada vez menos fuerte. A medida que ven un creciente número de sus seres queridos que hacen el viaje hasta este país lejano, a medida que sus hogares se van quedando cada vez más vacíos, seguro que sus lealtades comienzan a dividirse. Cuando arreglan sus trámites burocráticos y ellos mismos se están subiendo a un avión, deben sentirse igualmente canadienses tanto como se sienten indios, nigerianos o filipinos.

Y, al estar aquí de pie en este cuarto vacío, puedo sentir esta misma lealtad dividida en mi corazón. Nick salió de este cuarto y salió de esta tierra para establecerse en una más arriba, donde mi papá, mi tía y mi abuela ya se asentaron también. Con el paso del tiempo, sé que un número creciente de mis seres queridos hará ese mismo viaje. Finalmente, habrá más de ellos en el cielo que en la tierra y será más fuerte lo que me atraiga a irme que a quedarme aquí. Y, enseguida, mis papeles se arreglarán y yo también seré llamado a cruzar el océano, llamado espiritualmente a ese lugar en el que ya está mi corazón.[1]

Sin embargo, hasta entonces, hay un cuarto vacío que espera mi atención. Mañana, Aileen sacará la pintura y las brochas para comenzar a cambiar el color de las paredes. La semana que viene montaremos muebles nuevos, los meteremos aquí y lo colocaremos todo. La semana después de hacer eso, este cuarto estará irreconocible. Ya sabemos quién recibirá la primera invitación para quedarse en él. Cuando Nick se marchó dejando atrás a su novia, le aseguramos a su querida Ryn que siempre la amaríamos como la hija que estuvo a punto de llegar a serlo, y que seríamos su familia mientras ella nos lo permitiera. «Llamémoslo "El cuarto de Ryn"», le dije a Aileen. «De ese modo, nuestro hogar siempre será su hogar». Y, con esas palabras, salimos del cuarto, esta vez dejando la puerta abierta de par en par.

CAPÍTULO 25

¿Cuántos hijos tengo?

Algunas de mis anécdotas favoritas de la vida de Jesús provienen de esos momentos en los que las autoridades religiosas intentaban atraparlo, dejarlo en evidencia o hacerlo sentir como un patán. A pesar de sus mejores y repetidos intentos por conseguirlo, nunca lograron su fin.

El Evangelio de Marcos describe una ocasión en la que un grupo llamado los saduceos hizo su mejor intento. Los saduceos no creían en espíritus, ni en ángeles, ni en la realidad más allá de lo que podían ver y tocar. Tampoco creían en la resurrección de los muertos, así que idearon un pequeño supuesto con la intención de atrapar a Jesús y sacar a la luz su ignorancia en cuanto a la vida después de la muerte. «Supongamos que una mujer se casa siete veces en el transcurso de su vida», dijeron, «cada vez mediante un matrimonio legítimo producido tras la muerte del esposo anterior. En la resurrección, ¿de quién será ella esposa, ya que estuvo casada con los siete? Dinos la respuesta, ¡ya que sabes tanto!».

La respuesta de Jesús exhibió la ignorancia de ellos: «El error que están cometiendo», les dijo, «es que no conocen la Biblia ni el poder de Dios. Cegados por su propia ignorancia, ustedes han pasado por alto el claro mensaje inequívoco de las Escrituras. Si son tan sabios como se creen, ¿cómo es que nunca han observado los detalles más simples?: Cuando Dios se le apareció a Moisés en la zarza ardiente, se presentó diciendo: "Yo soy el Dios de Abraham, de Isaac y de Jacob". Él no dijo: "Yo *fui* su Dios" sino "Yo *soy* su Dios". Seguro que pueden verlo: él no es un Dios de muertos, sino de vivos». Fue una respuesta que los dejó pasmados, y con ella, Jesús dio la seguridad de que sin duda hay vida después de la muerte.[1]

He estado pensando en la respuesta de Jesús al enfrentar una pregunta que, en realidad, es bastante sencilla: ¿Cuántos hijos tengo? Debería ser muy simple, y solía serlo, pero ahora me parece más complicada porque se cruza con asuntos que trascienden la vida y la muerte, la tierra y el cielo, el tiempo y la eternidad.

Una casa editorial se puso en contacto conmigo recientemente para recordarme que les entregué un manuscrito hace varios meses. Mientras tanto, han editado las palabras, han diseñado la cubierta y han ordenado el texto. Lo último que necesitaban antes de enviarlo todo a la imprenta era mi breve biografía para la contracubierta.[2]

Por muchos años, esa pequeña biografía ha dicho algo parecido a esto: «Tim Challies es cristiano, está casado con Aileen, y tiene tres hijos. Adora y sirve como anciano en la Iglesia Grace Fellowship en Toronto, Ontario». Esa frase sobre «padre de tres hijos» ha ido cambiando con el paso de los años. Pasó de «padre de tres niños pequeños» a «padre de tres hijos adolescentes», y después a «padre de tres hijos adultos». Ha cambiado al cambiar las circunstancias de mi vida.

Y ahora me doy cuenta de que tendré que volver a cambiarla. Pero ¿cómo? ¿Sigo siendo padre de tres hijos? ¿O ahora soy padre solo de dos? ¿No sería desleal para la memoria de Nick borrarlo de mi pequeña biografía como si nunca hubiera existido? Pero, al mismo tiempo, reconocerlo conducirá inevitablemente a ese sentimiento raro que experimenté en el banco el otro día cuando un gerente contable estaba hablando educadamente sobre la familia, y yo dije que tenía tres hijos; él indagó más, y tuve que explicarle que uno de ellos había muerto. Él se sonrojó, yo sentí un escalofrío, y la conversación se diluyó.

Entonces, ¿cuántos hijos tengo? He decidido que, por ahora y de modo muy práctico, a veces responderé que tengo dos y otras veces que tengo tres, dependiendo de las circunstancias. Cuando esté en una conversación informal con alguien que está conversando conmigo por educación, probablemente diré que tengo solo dos. Eso es cierto para el contexto. Sin embargo, cuando esté en una conversación más formal o dando una biografía para la contracubierta de un libro, responderé de forma que siga siendo más veraz todavía: soy padre de tres hijos. Porque si, siguiendo la respuesta de Jesús a los saduceos, Dios no hace distinción entre sus hijos que están en el cielo y sus hijos que están en la tierra, entonces yo tampoco lo haré. Si Dios es el Dios de Abraham, de Isaac y de Jacob, seguro que yo soy también el padre de Michaela, de Abby y de Nick.

Así como Nick *fue* mi hijo y yo *fui* el padre de Nick, Nick *es* mi hijo y yo *soy* su padre. Mejor aún, él siempre *será* mi hijo y yo siempre *seré* su padre. Yo fui, yo soy y por siempre seré su padre, así como lo soy para sus hermanas. No hay contexto en el tiempo o en la eternidad que pueda cambiar eso. Por lo tanto, en la contracubierta de ese libro leerás «Tim Challies es cristiano, esposo de Aileen, y padre de dos hijas adolescentes y un hijo que lo está esperando en el cielo». Yo no soy padre de muertos, sino de vivos, las dos que viven aquí conmigo y el que vive allá con Dios.

CAPÍTULO 26

La causa de la muerte

¿Por qué se hundió el *Titanic*? ¿Fue porque el barco chocó contra un iceberg? ¿O fue porque no lo habían construido bien, porque el capitán fue imprudente, porque el puesto de observación no hizo bien su trabajo? ¿Por qué comenzó la Primera Guerra Mundial? ¿Fue por el asesinato del archiduque Franz Ferdinand? ¿O por el derrumbe de un orden mundial antiguo, por una red de alianzas secretas, por el aumento de un orgullo nacionalista? ¿Por qué murió Jesús? ¿Fue por las demandas de las autoridades religiosas? ¿Fue por la cobardía de Pilato, por la persecución del Imperio romano, porque Dios así lo quiso? Ninguna de estas respuestas es errónea, pero tampoco ninguna de estas respuestas está completa, porque cualquier evento puede tener muchas causas.

Por meses, me he estado preguntando por qué murió Nick. Ya sé lo básico, por supuesto: se desvaneció mientras jugaba y vieron que no tenía ni latido cardiaco ni respiración. Sus amigos no pudieron reanimarlo, ni tampoco un doctor que pasaba por allí, ni el equipo de ambulancia, ni todo un personal en la sala de urgencias. Aunque he sabido lo básico de lo que ocurrió, no he llegado a saber la verdadera causa. Sin embargo hoy, finalmente, he recibido un sobre insulso escrito a mano con el sello «Oficina Forense del Condado de Jefferson».

Sé que no es una buena idea leer el reporte de la autopsia. No solo contiene jerga médica que sé que no entenderé, sino más importante aún, contendrá detalles descriptivos que encenderán mi imaginación y cargarán mi alma. Un doctor amigo mío ha leído muchos de esos reportes y se ha ofrecido amablemente a leerlo y resumírmelo. Abro el sobre y me encuentro con seis páginas escritas a computadora a un solo espacio. Rápidamente le hago una foto a cada una de las páginas, intentando no fijar mis ojos en ninguna palabra. Con esa tarea hecha, coloco el reporte en otro sobre, lo sello y lo pongo en el fondo de un cajón. Me alegraré si no vuelvo a verlo nunca más.

Mientras espero a que mi amigo lo lea y hable conmigo, no puedo evitar pensar: *¿Cuál fue la causa de la muerte de Nick?*

Sé que hay una respuesta que trata la fisiología básica del asunto. Nuestros cuerpos están formados de manera complicada, maravillosamente entretejidos, creados para prosperar en este planeta con su atmósfera rica en oxígeno. La causa más común de la muerte de cualquiera de nosotros es no tener acceso a ese preciado oxígeno, porque cuando ya no pueda seguir nutriendo nuestro cuerpo, los tejidos rápidamente sucumbirán. Sé que, de algún modo y por alguna razón, los órganos de Nick fueron privados de oxígeno por tanto tiempo, que el daño fue demasiado amplio para que pudiera sobrevivir. En este sentido, la causa de su muerte fue falta de oxígeno.

Sin embargo, hay otra respuesta, una que aborda el asunto desde un ángulo espiritual para decirme que la causa de la muerte fue el pecado; no necesariamente algún pecado que Nick hubiera cometido, sino su mera existencia en el mundo. A fin de cuentas, este mundo fue creado libre de depravación y, por lo tanto, libre de la muerte. No obstante, Dios advirtió claramente a la humanidad que si escogían desafiar sus caminos, morirían. Si los primeros seres humanos se hubieran mantenido fieles, ni el pecado ni la muerte habrían aparecido. Pero fallaron a la hora de obedecer a Dios y, al aceptar la tentación, la muerte comenzó su reinado. El pecado reclamó la vida de Nick.

Y después, muy conectada a esta respuesta, está la que reconoce la existencia de un tentador, alguien que estuvo activo a la hora de hacer que aquellos primeros seres humanos se desviaran. Satanás es el padre de mentiras, el que convenció a Adán y a Eva de que Dios los había engañado, que de algún modo les había ocultado algo que los beneficiaría en lugar de dañarlos. Al guiarlos a pecar, los guio hasta su tumba. Y, de esa forma, Satanás acecha en el trasfondo de la muerte de Nick.

No obstante, la más importante de todas es la respuesta de la providencia, la cual considera la participación de Dios. Dios dejó claro que es Él quien inicia la vida y quien pone fin a la vida, quien levanta y quien derriba.[1] El Señor es quien da y quien quita, de tal modo que cada uno nace según la voluntad de Dios y muere según la voluntad de Dios. No hay nadie que pueda morir antes del tiempo establecido por Dios ni nadie que pueda permanecer vivo después de ese momento. No hay tragedia que pueda reclamarnos antes de la hora que Dios haya ordenado, y no hay milagro que pueda salvarnos después de ese momento. Dios, y solamente Dios, tiene la autoridad final sobre la vida y la muerte. Dicho de forma simple, Nick no podría haber muerto si no hubiera sido voluntad de Dios. En el sentido más definitivo, la causa de la muerte de Nick es Dios mismo.

Sin embargo, Dios usa medios para llevar a cabo su providencia, y eso es lo que he esperado saber desde hace tanto tiempo. Y, ahora, mi amigo me está llamando para decirme los medios concretos que Dios usó para llamar a Nick de la vida a la muerte, de la tierra al cielo. Aunque el forense no está seguro del todo, la evidencia parece indicar que fue una disritmia cardiaca. Por razones que muy probablemente no se sepan nunca, el corazón de Nick comenzó a latir a un ritmo errático, a un ritmo que lo llevó rápidamente a tener un paro cardiaco completo. De inmediato se quedó inconsciente y se desplomó. Como el equipo necesario para reactivar el corazón no estaba disponible, murió.

Y ahora lo sé. Es una respuesta que a la vez consuela y asusta. Consuela saber que no demoró y, por lo tanto, Nick no sufrió. Consuela saber que no fue algo que hubiéramos podido detectar ni nada que hubiéramos podido saber. Consuela saber que no fue culpa de él, ni nuestra, ni culpa de sus amigos que intentaron con tanto empeño salvarle la vida. Nos aseguraremos de aliviarlos de la carga que han estado llevando.

Sin embargo, también asusta, porque muestra la magnitud del poder de Dios y su disposición a utilizarlo. Por otro lado, muestra la fragilidad de la humanidad y nuestra profunda dependencia de la providencia divina. Unos cuantos impulsos eléctricos caóticos bastaron para detener un corazón que, en caso contrario, se habría mantenido sano; y para interrumpir una vida que, de no ser por eso, habría sido normal. «Nuestro Dios está en los cielos; Él hace lo que le place».[2] Sin duda, Él lo hace, porque le agradó de manera muy repentina y decidida entrar en mi cómoda vida y llevarse a mi hijo. No me advirtió. No me dio explicación alguna. No se disculpó. Solo llegó y se llevó algo que era muy precioso. Solo actuó, llamó a Nick a casa y me dejó desconsolado.

No obstante, no puedo tenérselo en cuenta. No puedo acusarlo de haberse equivocado, porque Él es quien inicia la vida, quien tiene autoridad sobre cada vida y quien finalmente pone fin a cada vida. Eso es cierto, ya sea que el final llegue a los veinte o a los ochenta años, en un parque o en un hospital, de forma predecible o de manera totalmente inesperada. Nuestra vida no es nuestra. Nunca lo es. Nunca lo fue. «Que en *Su* mano está la vida de todo ser viviente, y el aliento de todo ser humano».[3]

Y así, Dios solo ha ejercido su prerrogativa legítima. La única respuesta apropiada es postrarse ante Él, someterse a su autoridad y confiar en que Él lo hace todo bien; porque su brazo es fuerte, su mente es vasta, su corazón es bueno, su amor es verdadero y su propósito es bueno. Creo y profeso que no hay nada mejor para Dios que Él haga lo que le agrada, no hay nada más apropiado para Dios que Él haga su voluntad. Eso es cierto, ya sea que me lleve a la risa o a las lágrimas, ya sea que me lleve al placer o al dolor, ya sea que dé o que quite.

CAPÍTULO 27

La trompeta sonará

Tengo la costumbre de visitar a Nick los domingos en la tarde. Almuerzo y después, antes de sentarme con un libro o jugar a algún deporte, voy al cementerio que no está lejos de casa. Es una tradición que he llegado a valorar porque es en ese pequeño espacio de tierra empapada de lágrimas, allí delante de la lápida de piedra negra, donde más cerca me siento de él. De toda la tierra, parece el punto de contacto más cercano entre padre e hijo. No puedo verlo, no puedo hablar con él, no puedo darle un abrazo, pero al menos puedo estar ahí.

Hoy he decidido ir antes, antes del amanecer, ir y ver salir el sol allí, porque este domingo es Domingo de Resurrección. La tierra está helada, blanca, y el aire es frío. Al fin y al cabo, estamos a primeros de abril aquí en Canadá. El cielo comienza a reflejar los primeros rayos del sol y me pregunto: *¿A qué distancia están los muertos de los vivos? ¿Qué separa a nuestros seres*

queridos que se han ido de los que aún están aquí? ¿Es un abismo
o es una zanja? ¿Es un momento o un siglo? ¿Es una división de
papel o una ciudadela de piedra? ¿Es un mar profundo que va más
allá del horizonte o un charco poco profundo que se evapora bajo
nuestros pies? ¿Cuán cerca o cuán lejos estoy de mi hijo?

Me pongo los auriculares, abro mi aplicación de música y selecciono el *Mesías* de Händel, la música para muchas de mis mayores alegrías y más profundas tristezas. Avanzo hasta la tercera parte, la segunda escena, el movimiento cuarenta y siete, y escucho mientras el bajo solista comienza a cantar: «He aquí, os digo un misterio: no todos dormiremos, pero todos seremos transformados, en un momento, en un abrir y cerrar de ojos, a la trompeta final».[1] Es un versículo al que le han puesto música, una verdad envuelta en oratorio.

En una ocasión, un amigo con buenas intenciones me dio una palabra dirigida a consolarme: Nick se ha convertido en una estrella que brilla en el cielo nocturno, sonriéndote desde arriba. Pero sé que las almas son almas y las estrellas son estrellas, y nunca se encontrarán las dos porque están hechas de sustancias muy distintas. Un alma no puede convertirse en una estrella, así como una estrella no puede convertirse en un alma. Aun así, me pregunto: *¿Estará él más cerca o más lejos que la distancia que hay entre esa estrella y esta tierra?*

Otro amigo dijo que Nick se había unido a los ejércitos de ángeles y ahora está más presente con nosotros que nunca. Sin embargo, así como las estrellas son estrellas y las almas son almas, los ángeles son ángeles y los seres humanos son seres humanos. Dios los creó a todos, pero con distinciones. Seguro que Nick no ha intercambiado su humanidad por algo de un orden totalmente distinto. Aun así, me pregunto: *¿Está él más cerca o más lejos que la distancia que hay entre los seres humanos y los ángeles, entre el mundo visible y el mundo que está velado a nuestros ojos?*

Una suave ráfaga de viento hace que el árbol joven plantado junto a su tumba se mueva, con sus primeros brotes empezando a formarse en el cálido clima primaveral. La música avanza hasta la siguiente pista, y oigo que el solista empieza a cantar: «Pues la trompeta sonará y los muertos resucitarán incorruptibles, y nosotros seremos transformados». Ahora, algo se aviva en mi corazón. *¿Cuán cerca está Nick?*

Ahora lo veo. Mejor dicho, lo oigo. Él no está lejos, para nada lejos. Está solo a un toque de trompeta porque, como acabo de oír, el final comenzará con un sonido penetrante para anunciar la llegada del Rey, para despertar a los muertos que duermen. Pero hay más. Nick está solo a un gran grito, porque Jesús mismo «descenderá del cielo con voz de mando, con voz de arcángel».[2] En un momento todo se quedará tranquilo, y al instante el mundo resonará con un poderoso clamor que sacudirá la tierra y abrirá los cielos. Tal vez lo mejor de todo es que Nick está tan solo a un momento de distancia, porque Cristo ha prometido volver repentinamente, «en un momento, en un abrir y cerrar de ojos».[3] Podría ser ahora. O ahora. O ahora. «Porque como el relámpago al fulgurar resplandece desde un extremo del cielo hasta el otro extremo del cielo, así será el Hijo del Hombre en Su día».[4] Miles de años de historia se consumarán en ese preciso momento.

Escucho que el contratenor releva al bajo. «Entonces se cumplirá la palabra que está escrita: "Devorada ha sido la muerte en victoria"». Entonces, en ese mismo momento, al sonido de la trompeta y el grito de mando, el reinado de la muerte terminará. Entonces, en ese momento, este cementerio, este lugar de gran tristeza para mí, se convertirá en un lugar de gran gozo porque esta tierra entregará a sus muertos. Ellos resucitarán: este, esa, todos los que aman a Dios, ascendiendo juntos para encontrarse con el Señor. Este lugar donde hacemos las cosas más antinaturales, como bajar cuerpos a la fría tierra, será el lugar donde veremos lo más increíble: cuerpos resucitando de la tierra para no volver a morir jamás.

El tenor se une al contratenor para empezar un dueto, y cantan juntos: «¿Dónde está, oh muerte, tu aguijón?». Entra el coro: «Pero gracias sean dadas a Dios, que nos da la victoria por medio de nuestro Señor Jesucristo». La muerte ha perdido su aguijón porque fue derrotada por la resurrección de Jesucristo. ¡Lo que parecía ser una gran derrota el viernes se convirtió en una gran victoria el domingo! La Semana Santa es el día de la resurrección, el día de la victoria, el día de la esperanza.

Y ahora, esa esperanza crece en mi interior mientras el *Mesías* llega a su gran *crescendo*. Aunque la obra maestra de Händel es conocida por su famoso coro «Aleluya», a mí siempre me ha gustado más este coro final porque, en él, el coro se une a los santos y los mártires, a las criaturas vivas y los ancianos, para cantar juntos: «Digno es el Cordero inmolado, y que nos ha redimido con Dios mediante su sangre, para recibir poder, y riquezas, y sabiduría, y fortaleza, y honor, y gloria, y bendición».

Este coro se une a las demás criaturas del cielo y de la tierra, y debajo de la tierra y en el mar para cantar: «Bendición y honor, gloria y poder, sean dadas al que está sentado en el trono, y al Cordero, por siempre y siempre». Hacen eco a los cuatro seres vivientes de Apocalipsis al clamar: «Amén». Una y otra vez, con cientos de repeticiones y después miles, el coro repite esa preciosa palabra. «Amén», es cierto y seguro, sucederá, porque Dios lo ha decretado. Y así, yo también digo «Amén». Me uno a los ancianos, caigo ante el trono, ante el Rey, y adoro su nombre con un sonoro «amén».

CAPÍTULO 28

Sigue mis huellas

En lo alto de las montañas de Suiza llegamos a una parte del sendero que pasa por una cresta, un borde estrecho que dividía dos lados de una imponente montaña. El camino era ancho donde estábamos de pie y ancho en el trecho que teníamos por delante, pero para pasar de este punto al otro teníamos que seguir una pequeña y sinuosa senda que estaba resbaladiza por el rocío de la mañana y tenía pendientes a los lados que caían en picada hasta los profundos valles. Nick y las alturas no se llevaban muy bien; él nunca veía mucho atractivo en arriesgarse de manera innecesaria. Tenía los ojos muy abiertos, el rostro pálido y los pies congelados en el lugar. Me volteé y me puse a su lado por un momento, intentando consolarlo y darle seguridad. «Solo sigue mis huellas», le dije. «No tengas miedo. Pisa donde yo he pisado y te guiaré hasta el otro lado».

Ese es el llamado de un padre en pequeños momentos como ese y también en los que son más relevantes: liderar el camino para que sus hijos lo sigan. Y, aunque esta es una tarea para con todos los hijos, es particularmente cierto para los varones, porque así como una madre tiene la responsabilidad especial de ser mentora de sus hijas, también el padre la tiene para con sus hijos varones. El padre ha de vivir de tal forma que les pueda decir a sus hijos, unas veces de forma literal y otras figurada: «Solo sigue mis huellas». «¿Necesitas saber cómo vivir cual cristiano en este mundo? Sigue mis huellas. ¿Necesitas saber cómo trabajar duro en tu vocación? Sigue mis huellas. ¿Necesitas saber cómo amar a tu esposa y liderar a tu familia? Sigue mis huellas».

Me encantaba liderar a Nick. Me encantaba ver que comenzaba a seguirme, a imitarme, a medida que yo me esforzaba al máximo por imitar a Cristo. Lo veía adoptar algunos de mis mejores hábitos y repetir algunos de mis mejores rasgos. Lo veía estudiar el modo en que yo me relacionaba con su madre, prestar mucha atención a la manera en que me relacionaba con las personas a las que había sido llamado a pastorear. Me tomaba en serio mi responsabilidad de liderar y él se tomaba en serio su responsabilidad de seguir.

Supuse que lideraría a Nick por más tiempo del que lo hice. Suponía que lo guiaría en su matrimonio, su ministerio y su paternidad. Supuse que lo guiaría en toda la vida y todo el camino hasta la gloria. Supuse que, mientras se preparaba para cruzar esa estrecha cresta entre dos mundos, él sería capaz de poner sus pies donde los míos ya habían pisado, así como lo hizo en ese camino entre dos mesetas alpinas.

No quiero decir con esto que yo estaba preparado del todo para guiar en ese camino en concreto. Así como Nick tenía miedo a pasar por la cresta de una montaña suiza con escarpadas laderas a ambos lados, yo temía pasar por el estrecho camino que va de la vida a la muerte. Tenía miedo a morir. Sabía que Jesús ya había guiado el camino, que solo tenemos que seguir el camino que Él recorrió. Así como Dios guio a su pueblo en la noche con una luz que resplandecía desde una columna de fuego, nosotros también somos guiados a través de la muerte por aquel que es la luz de la vida.[1] Pero la idea aún me asustaba. Todavía no era capaz de confiar, aún no estaba listo para irme.

En el funeral de Nick, pedí que cantáramos el viejo himno «Cara a cara» para poder profesar juntos nuestra confianza en que cada uno de nosotros algún día estará ante el rostro del propio Cristo.

> Cara a cara, ¡oh, dichoso momento!
> Cara a cara, para ver y conocer;
> Cara a cara con mi Redentor,
> Jesucristo, que me ama tanto.[2]

Sin embargo, no puedo negar que a menudo he anticipado ese día y, en la misma medida, lo he temido. He querido estar con Cristo, pero he sido reacio a alejarme de todo lo que hay aquí. He anhelado estar cara a cara con Él, pero me ha dado miedo dejar la familiaridad de este mundo a cambio de la incertidumbre del siguiente. A veces he preferido la tierra antes que el cielo, la vista antes que la fe, el aquí antes que el allá.

No obstante, entonces, Nick me dejó atrás en el camino. El seguidor se convirtió en líder y el líder en seguidor; al adelantarse a mí, me ha dado ánimo, me ha dado fe, me ha dado valor. Mi temor a la muerte se evaporó en el momento de la muerte de Nick. ¿Por qué iba yo a tener miedo a caminar por el camino que él ya ha transitado? ¿Cómo podría fallar mi valor cuando él mantuvo el suyo? Sabiendo que él no volverá a mí, ¿por qué iba a tener el más mínimo temor de ir yo con él?

Sin embargo, hay un asunto que me deja perplejo, un detalle que me preocupa. Al pensar en el cielo, Nick tiene tanta prominencia como Jesús. Si soy sincero, a menudo tiene incluso más. Jesús prometió que se adelantaría a preparar un lugar para nosotros, para que donde Él esté, nosotros también podamos estar. Pero donde Él está es donde también está Nick, y no puedo separarlos fácilmente a los dos. Estar en el cielo es estar en casa con el Señor, dijo Pablo.[3] Pero es también estar en casa con Nick. ¿Qué dice de mí el hecho de que ese anhelo de estar con Jesús ahora esté emparejado, o incluso se vea superado, por mi anhelo de estar con Nick?

En los primeros días, cuando la tristeza aún estaba muy presente, cuando era abrumadora, cuando aún era muy cruda, le confesé esto a un amigo: «Cuando pienso en el cielo, pienso menos en encontrarme con Jesús y más en ver a Nick. Anhelo ver a mi Salvador pero ansío ver a mi hijo. Debo parecer un completo pagano».

«No», respondió él amablemente, «te pareces más a un padre apenado».

Y me agrada dejarlo así. Fue Dios quien me llamó a sí mismo y Dios quien puso un gran amor por Él en mi corazón. Fue Dios quien me dio a mi hijo, fue Dios quien me dio ese amor por él, y fue Dios quien lo apartó de mí. El Señor sabe que lo amo a Él y el Señor sabe que amo a mi hijo. Dejaré que sea Él quien ordene los detalles.

Mientras tanto, estoy listo para morir, listo para caminar por la estrecha cordillera que me lleva desde aquí hasta allá. No quiero decir con eso que me haya rendido en la vida y que realmente quiera morir, o que vaya a hacer todo lo posible por acelerarlo. Aún tengo personas por las que vivir, aún tengo obligaciones que cumplir y todavía tengo llamados que llevar a cabo. Estoy contento por estar aquí hasta que el Señor me llame a casa, pero cuando lo haga, me pondré de pie y correré por esa cordillera sin ningún temor. Estoy preparado para seguir con gozo, con valentía y confianza, tras las huellas de un Salvador, y de un hijo que ya ha recorrido ese camino.

CAPÍTULO 29

El círculo sagrado

El príncipe de los predicadores me ha dado una bofetada en la cara. A pesar de los 130 años que nos separan, Charles Spurgeon me ha confrontado y reprendido. Ha dicho palabras que han supuesto un reto en medio de mi aflicción, una reprimenda para las profundidades de mi desesperación. Moisés necesitó a Jetro, Pedro a Pablo, Calvino a Farel y yo a Charles. Este mensaje que me ha dado es duro, pero necesitaba oírlo.

«La singularidad de la aflicción es el sueño del sufridor», dice él.[1] Aquí, en un momento —en especial— oscuro y en un día bastante difícil, me veo tentado a pensar que mi sufrimiento es totalmente único, que yo, y solo yo, he enfrentado lo peor que este mundo puede producir. Me veo tentado a comparar la pérdida de un hijo de veinte años, mi único y primogénito hijo, con cualquier otro tipo de pérdida y a decidir que nada podría ser más difícil. Pero Spurgeon me señala: «Usted se sienta a solas

137

y guarda silencio, y dice en su corazón: "*Yo* soy el hombre que ha visto la aflicción"». Esa es exactamente mi tentación: pensar que nadie más ha visto una aflicción como la mía, contentarme pensando que nadie puede empatizar conmigo porque nadie ha sufrido como yo.

Sin embargo, debe haber un «pero» y, efectivamente, Spurgeon lo señala: «Pero millones de personas han visto la aflicción al igual que usted». La realidad es que yo no soy el único en mi sufrimiento y no tengo que manejar un golpe más duro que el de muchos otros. Y así, en amor, me confronta. En amor, me dice: «Descienda de su elevación de la atracción especial; no siga entregándose al egoísmo de la desesperación. Usted solo es un peregrino por la tan transitada Vía Dolorosa». Y, en un momento, me siento como si hubiera despertado, porque sé que tiene razón. «Tú eres aquel hombre», le dijo Natán a David.[2] Y «usted es ese hombre», me dice Charles a mí.

Ahora, con nuevos ojos, miro hacia esa senda de aflicción, ese camino de sufrimiento, y veo que «a la escalera de la tristeza nunca le faltan sus pasajeros, y al frente de todos está aquel cuyo nombre es "varón de dolores y experimentado en quebranto"». En la gran compañía de los santos hay muchos que conocen mi pérdida, muchos que llevan una gran carga, muchos que caminan con una cojera pronunciada. Y, a la cabeza de todos nosotros, está la silueta encorvada y quebrantada de un hombre que lleva a cuestas una pesada cruz.

Entrecierro los ojos para ver quién recorre el camino antes que yo y, enseguida, empiezo a reconocer rostros familiares, rostros que conozco de las páginas de las Escrituras y de los anales de la historia. La Biblia ha recorrido tan solo cuatro capítulos de su gran narrativa cuando la primera muerte golpea a los primeros padres, y los corazones de Adán y Eva se rompen en pedazos por la muerte de Abel. No mucho después, Job sufre la pérdida de no menos que diez de sus hijos: siete hijos y tres hijas. Los hijos de Aarón (Nadab y Abiú) enseguida caen ante el juicio de Dios, mientras que los de Elí (Ofni y Finees) caen delante del enemigo. Noemí está llorando la pérdida de su esposo cuando su aflicción se agrava por la pérdida de sus dos hijos: Mahlón y Quelión. Solo unas pocas generaciones después, David sufre primero la pérdida de su bebé y después la de su hijo favorito. Cuando el Antiguo Testamento deja paso al Nuevo, Zacarías y Elisabet se duelen por la pérdida de Juan a manos de Herodes, mientras que María llora la pérdida de Jesús a manos de Pilato.

A medida que la historia continúa, y las filas de los fieles siguen marchando por delante de mí, veo los rostros húmedos de lágrimas de muchos más santos queridos que saben lo que es perder a un hijo. Catalina de Bora le dio a Martín Lutero seis hijos, uno de los cuales murió en su infancia, mientras que otra, su preciosa Magdalena, murió en los brazos de su padre con tan solo trece años. Idelette Calvino le dio a Juan solo un hijo, un varón llamado Jacques, pero nació prematuramente y solo vivió un breve tiempo. John Owen tuvo once hijos, y solo uno de ellos sobrevivió hasta la edad adulta, e incluso esa única hija murió antes que su padre. John Bunyan sufrió un feroz golpe cuando perdió a su preciosa María, que había cuidado de él tan tiernamente durante su largo encarcelamiento. Dios llenó la aljaba de

Cotton Mather, pero la muerte la vació, porque Mather solo vivió más tiempo que dos de sus quince hijos.

Igual que la muerte de un hijo tocó a reformadores y puritanos, también fueron tocados los grandes poetas por la pérdida, muchos de los cuales usaron su habilidad para expresar su dolor. Charles Wesley se lamentó por un hijo en «Por qué debería gemir»:

> Que Dios no permita que se quede más tiempo;
> Dios reclama el precioso préstamo;
> Dios se lo ha llevado,
> De mi regazo al suyo:
> Seguro que lo que Él quiere es lo mejor:
> Descanso feliz en su voluntad.[3]

Henry Wadsworth Longfellow lloró a una hija en «Resignación»:

> Ya no la veremos más como una niña;
> Porque cuando en salvajes arrebatos
> En nuestros brazos volvamos a envolverla,
> Ya no será una niña.

> Como una buena princesa, en la mansión de
>   su Padre,
> Vestida con gracia celestial;
> Y preciosa con toda la expansión de su alma
> Contemplaremos su rostro.[4]

Hannah Flagg Gould escribió sobre un hijo que vivió solo un año y un día:

> Afligida durante las horas de la noche,
> Una madre apenada yace
> Sobre su almohada, llorando;
> Su bebé ha fallecido.
>
> Cuando había abrazado su tesoro
> Un año y un día,
> De tiempo fue toda su medida;
> Hasta que se fue, ¡como la luz de la mañana![5]

John Paton llevaba solo tres meses en su ministerio entre las tribus caníbales de las Nuevas Hébridas cuando nació su hijo, pero en cuestión de días tras el feliz acontecimiento, tanto su esposa como el niño yacían en la tumba. David y Mary Livingstone perdieron a una hija; William y Dorothy Carey perdieron dos hijas y un hijo; Hudson y María Taylor perdieron a cuatro de sus ocho hijos antes de cumplir los diez años.

Fanny Crosby habló de su duelo solo para decir: «Dios nos dio un tierno bebé, pero los ángeles descendieron y se llevaron a nuestro bebé con Dios a su trono».[6] Theodor Cuyler, que fue pastor de la iglesia presbiteriana más grande de Estados Unidos, perdió a dos de sus hijos en la infancia y otro a los veintiún años, y a menudo escribió emotivamente sobre sus visitas al cementerio de Green-Wood donde ellos, y ahora él, esperan el día de la resurrección. Su contemporáneo del Sur, Thomas

Smyth, enterró a dos hijos jóvenes en el mismo cementerio ese mismo día.

Me faltaría tiempo para hablar de Matthew Henry, Jonathan Edwards, George Whitefield, Lemuel Haynes, Selina Hastings, Frederick Douglass, George Müller, y tantos otros.[7] Me faltaría tiempo para hablar de Charles Spurgeon y D. L. Moody, y tantos otros que soportaron la doble aflicción de la pérdida de un nieto. Es solo en los tiempos más modernos y en las naciones más privilegiadas donde la muerte de los niños nos agarra por sorpresa y nos golpea de forma inusual. Spurgeon tiene toda la razón cuando dice que la singularidad de la aflicción es solo un sueño del que sufre. Un precioso ejército de hermanos y hermanas pueden identificarse con mi pérdida, porque ellos mismos la han sufrido. Su sufrimiento los ha equipado para tener compasión, para consolarme en mi aflicción.[8] Siento que se acercan para estar conmigo. No camino solo.

Y no son solo los muertos los que vienen a mí, sino también los vivos. Solo días después que Nick partiera con Jesús, un padre afligido que vive lejos me envió una carta extensa para compartir su experiencia sobre la muerte de su hijo de veinte años. Se convirtió en mi manual, mi guía, durante esos primeros días. Un amigo en común nos puso en contacto con una pareja que vive en una ciudad cercana y que perdieron un hijo hace diez años atrás. Aileen y yo nos reunimos con ellos, hablamos con ellos, lloramos con ellos, y somos bendecidos por su amistad y sus oraciones. Un pastor que lee mis primeros artículos sobre Nick y piensa: *No me imagino lo que puede ser eso,* sufre la pérdida de su hijo pequeño exactamente un mes después. Él y su esposa enseguida se convirtieron en nuestros amigos. Con estas personas podemos hablar con libertad, sinceridad y conocimiento, porque estamos recorriendo la misma senda.

En las páginas de uno de los libros de Theodore Cuyler encuentro una frase consoladora. Tras la muerte de su pequeño Georgie había recibido un montón de correspondencia, ya que muchos amigos, lectores y feligreses le escribían palabras de consuelo. Él enseguida se dio cuenta, al igual que yo, de que la muerte de un hijo lo había llevado al «círculo sagrado de la aflicción», una comunidad compuesta por personas que han sufrido. No lo habían invitado al círculo ni le preguntaron si deseaba unirse. Más bien, la Providencia lo había dirigido a ser parte de él, y él había decidido aceptar, doblar su rodilla.[9]

Nunca desearía que nadie se uniera a este círculo, a este club, porque la cuota de membresía es la muerte de un hijo y las obligaciones son un corazón quebrantado. Sin embargo, hay un valiosísimo consuelo que llega a los que se han unido, porque sabemos que ninguno de nosotros está hecho para estar solo. Aunque no tengamos a nadie en nuestra familia, vecindario o iglesia que haya sufrido una pérdida así, en este círculo nos unimos a los que han ido antes que nosotros mediante sus sermones y sus libros, sus poemas y sus canciones. Nos unimos en comunión con ellos para que puedan apiadarse de nosotros, animarnos y alentarnos. A lo largo de los siglos, nos tomamos de las manos de nuestros compañeros de luto al estar de pie y dolernos juntos, a medida que nos alentamos unos a otros al amor y las buenas obras, a medida que nos acercamos a ese lugar donde

Dios mismo enjugará toda lágrima de nuestros ojos, donde la muerte ya no existirá más, y donde ya no habrá más duelo, no habrá más lloro y no habrá más dolor, porque estas primeras cosas habrán pasado para siempre.[10]

CAPÍTULO 30

Ángeles sin saberlo

Hoy es demasiado. Es demasiado pesado, demasiado triste, demasiado angustioso. Me estoy ahogando. Estoy abrumado. Estoy cayendo en picado. Necesito que llegue un ángel y me ministre en este jardín de aflicción, un Aarón que sostenga mis brazos en alto durante esta larga batalla, un Jonatán que me fortalezca en Dios. Necesito una vara de pastor que me acerque, los brazos de un padre que me abracen fuerte, las alas de un ave para que me cubran. Necesito algo. Por favor, Dios, dame algo.

Pensaba que a estas alturas esto sería más fácil. Creía que habría avanzado más. Pero es que hoy es el día que Nick tenía planeado casarse, y la tristeza de la situación se me ha echado encima y me ha agarrado desprevenido. Nuevas oleadas de tristeza golpean con fuerza contra mí mientras pienso en lo que debería haber sido o al menos en lo que podría haber sido. Este día podría haber estado entre los mejores de toda mi vida pero, en cambio, está entre los peores. Podría haber sido un día de gran celebración y, en vez de eso, es un día de profunda tristeza. He lamentado lo que fue, pero hoy lamento lo que nunca será.

Aileen baja por las escaleras para sacarme de mi desánimo y que podamos ir al cementerio. Nos desviamos de nuestra ruta habitual para detenernos en una floristería, donde han preparado una flor para el ojal de la clase que Nick se habría puesto hoy en su traje. Una rosa blanca, hojas verdes de savia y pequeños ramitos de gipsófila. Me lo imagino: alto, orgulloso, entusiasmado, nervioso. Habría estado muy elegante. Conducimos en silencio, nuestras lágrimas dicen lo que no puede decir nuestra boca.

El cementerio está tranquilo esta mañana, y parece que nos han dejado el lugar solo para nosotros, a no ser por el jardinero que cuida el césped a la distancia. Dejamos la flor junto a la tumba y pongo una taza de café a su lado; pequeños detalles para él de nuestra parte. En el bolsillo tengo un puñado de papeles: el discurso que yo habría dado en el banquete de bodas. Lo he escrito por mí más que por él, por supuesto. Pero, aunque él no lo pueda oír, aun así quiero decir todo lo que un padre diría en la boda de su hijo. Quiero expresar mi gozo, mi amor, mi orgullo. Había planeado estar aquí de pie y decirlo en voz alta, pero ahora que llega el momento, veo que no tengo la fuerza para hacerlo; me faltan las palabras, no me sale la voz. Por lo tanto, lo doblo con cuidado y lo deposito tiernamente en la sombra de su lápida. Se quedará sin leer.

Permanecemos allí de pie por un tiempo, sencillamente en silencio y contemplándolo todo, el uno junto al otro agarrados del brazo. Lloramos juntos, un padre y una madre desolados ahogándonos en nuestra tristeza. Estamos abatidos. Estamos solos. Estamos abandonados. *Dios mío, Dios mío, ¿por qué?*

El silencio se ve interrumpido por una voz que pronuncia mi nombre. Nos volteamos y vemos que un hombre y una mujer se han acercado a nosotros por detrás. Se presentan como cristianos que están familiarizados con mi página web y que han estado leyendo mis artículos y actualizaciones sobre la familia. Nos dicen que su hijo está enterrado tan solo a unas filas de distancia de Nick, y que están un poco más adelante en el camino de la tristeza por el que nosotros transitamos ahora. Aunque no tienen la costumbre de visitar el cementerio los sábados, sintieron que debían hacerlo este día en concreto y a esta hora en particular. Nos vieron y nos reconocieron, por lo que se acercaron.

Tratamos de hablar a esas buenas personas, *queremos* hablarles, pero las palabras se atascan en la garganta. Hay muchas cosas que nos gustaría decir, pero no salen las palabras. La tristeza nos ha dejado mudos.

Ellos ven nuestras lágrimas, escuchan nuestra aflicción, y nos entienden. Dicen esas preciosas palabras: «Oremos juntos». Oran de forma maravillosa, hermosa y apasionada. Oran como personas que conocen a Dios como un amigo conoce a otro amigo. Oran como personas que saben lo que es estar desconsolados, que saben lo que es estar abatidos, que saben lo que es clamar desde lo más hondo de su alma. Oran para que baje el consuelo del cielo hasta que repose sobre nosotros como los rayos cálidos del sol del mediodía.

Cuando se van, apenas si puedo creer cómo ha provisto Dios tal cosa. Él escuchó el clamor de nuestro corazón y envió a sus ángeles. Él conocía nuestra necesidad y envió a sus mensajeros. Y me asombra que las lágrimas que ahora salen de mis ojos se han convertido en lágrimas de gozo, lágrimas de gratitud, lágrimas de alabanza. «Yo fui joven, y ya soy viejo», dijo David, «y no he visto al justo desamparado».[1] Debería haberlo sabido. Debería haberlo creído.

Ahora, con la fortaleza que Dios me ha dado, puedo leer el discurso que preparé para mi hijo, el que tenía que haber dicho en el ajetreo de la celebración, pero que ahora hay que decirlo en la soledad de un cementerio. Me imagino a Nick vestido con su traje, a Ryn con su vestido, a mis hijas como damas de honor, a Aileen resplandeciente de orgullo. Y leo:

Imagino que todos los padres pueden dar fe de que no es solo la novia la que sueña con el día de su boda, y que no es solo el novio el que sueña con la suya, sino que los padres también lo hacemos. Así que este es el día con el que Aileen y yo hemos soñado, un día por el que hemos orado. Este es un día de gran gozo, de gran anticipación, de gran celebración.

Nick, cuando eras muy pequeño, cuando tenías solo unos días, comencé a orar por tu futura esposa. Empecé a orar para que Dios apartara para ti a una mujer piadosa y maravillosa, que primero Él la llamara a sí mismo y después la guiara a ti. Hice esa oración cuando eras un bebé diminuto en mis brazos, cuando eras un pequeño haciendo travesuras en la casa, cuando fuiste un desgarbado adolescente que salía por la puerta para ir a la escuela secundaria, y cuando eras un joven asustado al que dejamos en la universidad. No fue mucho después de que llegaras a Boyce cuando empezamos a oír el nombre de Ryn. Y después de lidiar con algo de rechazo inicial, y yo diría que un rechazo bien merecido por ir demasiado rápido y con demasiada fuerza, recuperaste tus modales y también tu confianza, y encontraste a tu esposa. Así que este día es una respuesta a muchas oraciones.

Y qué delicia ha sido poder conocer a tu novia. Mamá y yo siempre supimos que buscarías una mujer de buen carácter, una mujer que amara a Dios y a las personas que Él creó a su imagen. Y verdaderamente te superaste. Ryn, a menudo nos preguntamos cómo sería el hecho de recibir a otra hija en nuestra familia, pero no nos podíamos imaginar cuán fácil lo has hecho y el gozo que nos has traído. No podríamos haber imaginado cuán rápido te convertirías en una de las chicas: nuestras chicas. Nos halaga que estuvieras dispuesta a unirte a nuestra familia y a tomar nuestro nombre. Estamos agradecidos de que estés dispuesta a dedicar tu vida a nuestro hijo, así como él dedicará su vida a ti. Has ganado un esposo que puedo decir honestamente que es uno de los mejores hombres que conozco. Es paciente y amable. Es responsable y honrado. Es lento para pecar y rápido para disculparse. Tiene muchos dones y pocos defectos. Me entusiasma que ambos hayan escogido vivir toda una vida juntos.

Nick, Salomón dice: «El hijo sabio es la alegría de su padre»,[2] y verdaderamente puedo decir que, entre las muchas alegrías que Dios me ha concedido en esta vida, muy pocas han sido mayores que el gozo de ser tu papá. Pocos placeres me han bendecido más que verte crecer en sabiduría, en bondad, y en favor con Dios y con los hombres.[3] Me entusiasma ver el hombre en el que te has convertido y el hombre que llegarás a ser. Me entusiasma ver las formas en las que has crecido en un carácter marcadamente cristiano. Me emociona verte trabajar tan duro para conseguir un comienzo fuerte en el ministerio y prepararte para toda una vida de servicio a los demás. Estoy muy orgulloso de ti. Uno de mis mayores honores es considerarte no solo mi hijo sino también mi amigo, no solo mi alumno sino también mi mentor. «Él que ama la sabiduría alegra a su padre».[4] Y verdaderamente, hijo mío, tú haces que mi corazón esté desbordante de alegría, de gozo, de orgullo.

En este momento, creo que debo dar algunas palabras de consejo, algunas palabras de sabiduría nacida de llevar casado casi un cuarto de siglo. Así que aquí van. Trata cada día como si tuviera vida propia. Cada mañana marca la creación de un nuevo día y cada noche marca su final. No podemos vivir en el pasado, no podemos vivir en el futuro. Solo podemos vivir en el día que Dios ha creado para nosotros. La clave de vivir la vida bien es vivir cada día bien. Así que comienza cada día como si fuera una nueva oportunidad para darle gloria a Dios y termina cada día como si nunca fueras a ver otro. No dejes que el pecado pase de un día a otro, ni que la amargura eche raíces en la noche. No dejes que ninguna promesa se quede sin cumplir y no retengas el bien a otros cuando esté en tu mano hacerlo. Si hay tareas que hacer, hazlas hoy. Si hay pecados que confesar, confiésalos hoy, y si hay compensaciones que hacer, hazlas hoy. El ayer pertenece al pasado, el mañana nunca está garantizado. Solo tenemos el hoy.

Y, hablando de hoy, hoy es el día para celebrarte a ti y celebrar tu matrimonio. En lugar de concluir con el tradicional brindis, me gustaría terminar con una bendición bíblica, con las palabras de Dios: «Y que el mismo Dios de paz los santifique por completo; y que todo su ser, espíritu, alma y cuerpo, sea preservado irreprensible para la venida de nuestro Señor Jesucristo. Fiel es Aquel que los llama, el cual también lo hará. La gracia de nuestro Señor Jesucristo sea con ustedes.[5] Amén».

Sabemos que esta misma gracia estuvo con Nick en su vida y en su muerte. Y el mismo Dios que fue tan fiel con Nick, hoy nos ha demostrado su fidelidad a nosotros. Él no nos ha dejado. Él no nos ha olvidado. Él nunca lo haría. Él nunca lo hará.

CAPÍTULO 31

Al otro lado
del muro

Se cuenta la historia de una mujer convaleciente y la hermosa viña que creció en su jardín. Confinada a su propiedad durante su larga recuperación tras un accidente, dirigió su atención a la pequeña parcela de terreno que había detrás de su hogar. Plantó la viña una fresca mañana de primavera, soñando con que algún día, tras el tiempo y el cuidado necesarios, crecería y cubriría el muro que marcaba el límite de su propiedad.

A la mujer le encantaba su planta y la cuidaba a conciencia, podándola, regándola y nutriéndola. Bajo su cuidado, echó raíces y creció a paso firme, siempre estirándose, siempre asiéndose, siempre agarrándose, a medida que se extendía hacia arriba y hacia afuera. Tras varias estaciones, la viña cubrió el muro con sus abundantes hojas verdes; pero, a pesar de sus mejores esfuerzos por cuidarla, produjo flores muy escasas y pequeñas. Sin embargo, la mujer encontró en su planta una fuente de maravilla y de verdadero deleite.

Y lo mismo les ocurría a los vecinos, porque sin ser ella consciente, las raíces habían avanzado por debajo de los cimientos del muro; las ramas se habían abierto paso entre las rendijas, y los zarcillos habían brotado hacia arriba y por la parte superior donde se desbordaban por el lado más lejano en una maravillosa cascada de flores bellas y fragrantes. Muchas personas al pasar por allí se detenían y admiraban su belleza. Los amigos que la visitaban le describían la escena a la mujer y le explicaban que la planta debía preferir el otro lado del muro, porque su jardín tenía la sombra de los grandes robles y olmos, mientras que al otro lado no llegaba; cuando su jardín solo recibía la fría luz de la mañana, el del otro lado estaba expuesto al pleno calor del sol de mediodía. Era ahí, en la parte más lejana, donde los brotes eran más grandes y más hermosos, más olorosos y coloridos.

Así que se detuvo a considerar los reportes de que sus flores estaban creciendo al otro lado del muro. ¿Debía lamentar no poder ver lo mejor de su belleza, que otros disfrutaran de ella de un modo en que ella no podía? La mujer decidió que no se quejaría. Se alegraría con la belleza de sus flores aunque no pudiera verlas. Encontraría gozo en el deleite de los amigos y los desconocidos que se acercaban para admirarla. Y anticipaba el día en que, cuando se recuperara por completo, podría al menos pasar por la puerta del jardín y verlas por sí misma.[1]

Como todos los padres, yo tenía esperanzas puestas en mi hijo, pero rápidamente aprendí que era mejor permitirle tener sus propios sueños, y después apoyarlo en la dirección que él escogiera. Llegó a soñar con una vida simple y tranquila dedicada a la familia y a la iglesia, por lo que se dispuso a concretar esa ambición. Comenzó a identificar sus dones y a prepararse para ponerlos en práctica para el bien de los demás y para la gloria de Dios. Comenzó a afilar sus talentos y a desarrollar habilidades que lo equiparían para una vida de ministerio pastoral. Comenzó a moldear su carácter, a crecer en sabiduría y estatura, y en favor para con Dios y con los hombres.[2] Estaba progresando firmemente y recorría una buena trayectoria. Entonces se fue. Se fue antes de que yo pudiera verlo cumplir alguno de sus sueños. Murió como novio, no como esposo; como estudiante, no como graduado; como aprendiz, no como pastor. Murió antes de que pudiéramos verlo como un hombre casado, un padre orgulloso, un ministro ordenado del evangelio. Había mucho que dejó por hacer, muchos inicios y muy pocos finales.

Por lo tanto, ¿dónde quedaron todos esos sueños y ambiciones? ¿Qué ha sido de todo ese progreso y ese avance? ¿Qué ha sido de su característica bondad y su disposición a la amabilidad? ¿Qué ha ocurrido con su deseo de servir a Dios sirviendo a los demás? ¿Será que todo eso murió con él?

Seguro que no. ¿No es probable que esos sueños y ambiciones tan nobles, esos rasgos raros y preciosos, estén incluso más en casa en el cielo que en la tierra? ¿No es factible que, en ese lugar de perfección, no se hayan borrado sino que hayan aumentado, que no hayan disminuido sino que se hayan multiplicado? ¿No es apropiado entonces que convierta mi lamento en alabanza, mi tristeza en esperanza, mi aflicción en expectativa, confiado en que Nick se ha ido a un lugar donde puede prosperar, donde puede florecer, donde cada uno de sus sueños se pueden cumplir? Porque, aunque no pueda verlo ahora, puedo estar seguro de que está floreciendo allá, en el lado más lejano del muro, donde el sol es más brillante y donde no hay sombras. Y puedo anticipar el día en el que también yo pasaré por la puerta del jardín para al fin verlo en ese lugar donde se ha ido para no morir nunca y vivir verdaderamente.[3]

Verano

CAPÍTULO 32

Valor, querido corazón

Aunque el verano apenas acaba de comenzar, estamos a mitad de una larga y sofocante ola de calor; ya estamos bajo condiciones de sequía. Por lo general, esta es la época del año en que podemos estar seguros de que nuestros campos y jardines están en su máximo esplendor, pero ya la hierba está comenzando a adquirir un tono marrón y seco, y las flores se secan y se marchitan. El sur de Ontario es famoso por experimentar cuatro estaciones marcadas que duran casi lo mismo en cuanto a tiempo pero, este año, la fresca belleza de la primavera ha pasado rápidamente al pleno calor del verano.

Hace pocas semanas, el cementerio puso césped fresco sobre la tumba de Nick, un hermoso manto verde que cubre su lugar final de descanso; sin embargo, aunque ellos tienen la responsabilidad de poner el césped, no son muy responsables a la hora de regarlo. Sabiendo que bajo esas condiciones no puede durar mucho sin un riego diario, la mayoría de las tardes Aileen y yo recorremos la corta distancia en automóvil hasta el camposanto. Cargamos unas regaderas desde el grifo que está en el estacionamiento y recorremos las largas filas de tumbas hasta que llegamos finalmente a la suya. Hacemos varios viajes, con recipientes de varios litros. La tierra agrietada y seca absorbe con mucha sed cada gota de agua, pero el césped —al menos— se está recuperando.

He observado que, cuando lleno las regaderas y me dirijo hacia la tumba de Nick, no siento que pesen mucho; pero según voy haciendo el recorrido, pateando el terreno irregular que hay entre el camino y su pequeño espacio, se me empiezan a cansar los brazos. Cuando ya estoy cerca, me cuesta más dar los pasos y ya me duelen los brazos. Muchas veces tengo que recuperar el aliento un poco antes de echar el agua y después volver a repetir el viaje. A su manera, este proceso me resulta como una parábola del viaje de la tristeza.

A veces vuelvo a pensar en esos primeros días en los que la tristeza era aún una desconocida que estábamos empezando a conocer. Fue un periodo agotador y marcado por la conmoción, la incertidumbre y la profunda desolación. No se lo desearía ni a mi peor enemigo. Sin embargo, aunque esos días eran duros, también eran más sencillos. Teníamos poco tiempo para pensar, poco tiempo para reflexionar, poco tiempo para darle vueltas a la situación. Teníamos un millón de decisiones que tomar, un millón de acciones que emprender. Estábamos abrumados por las ofertas de ayuda, inundados por las muestras de apoyo y los mensajes de compasión. Los primeros días y semanas pasaron en una especie de confusión, un frenético torbellino de actividad.

Al fin, la tristeza dejó de ser una desconocida para convertirse más bien en un huésped no invitado que planeaba claramente quedarse una buena temporada. Aprendimos a vivir con ella, a desarrollar un nuevo semblante de normalidad que involucraba su presencia constante. Al final, la cantidad tan grande de personas que oraban por nosotros tuvo que reducirse, los apoyos de la iglesia y los vecinos tendrían que menguar. En definitiva, tuvimos que aprender a vivir esta nueva vida a la que Dios nos ha llamado. Y, si en los primeros días necesitábamos fuerza para mantener la cabeza a flote, fuerza simplemente para no hundirnos en la aflicción, ahora necesitábamos resistencia, la fortaleza para cargar una pesada carga durante un largo viaje.

Aileen no se siente bien hoy, así que Michaela me ha acompañado al cementerio en su lugar. Mientras conducimos, hablamos sobre su pérdida, sobre su aflicción, sobre sus recuerdos favoritos de su único hermano. Me asombra de nuevo que, aunque cada uno de nosotros carga su propia aflicción, también cargamos la de los demás. Mientras me duelo por mi propia pérdida, también me duelo por la de ella, porque la aflicción de ver a mi esposa y a mis hijas soportar la suya es incluso más profunda que la aflicción de sufrir una gran pérdida. Es una tristeza añadida a la propia tristeza, aflicción sobre aflicción, carga sobre carga.

Caminamos juntos hasta la tumba y regamos la hierba, un rectángulo de pasto verde saludable que contrasta marcadamente con la paja parda quemada por el sol de su alrededor.

Michaela se queda atrás mientras yo relleno las regaderas. Y, cuando me dispongo a hacer el viaje de regreso, me doy cuenta de que estoy muy cansado: cansado de la carga física de transportar regaderas, pero incluso más, cansado de la carga espiritual y emocional de la tristeza. No se necesita mucha fuerza para cargar una regadera de agua durante un minuto o dos, durante tres o cuatro pasos. Pero, a medida que la distancia aumenta, la carga se hace más pesada y el cuerpo más débil. Lo que era fácil al principio puede ser agotador al final. Un viaje que comenzó con gran vigor, pronto puede convertirse en un esfuerzo largo y difícil. Y ocurre lo mismo con nuestra tristeza.

A mitad de mi viaje, mis ojos se fijan en una lápida. Debajo del nombre de otro joven y las fechas que recuerdan el breve alcance de su vida, dice solo esto: «Valor, querido corazón». De inmediato reconozco las palabras. Son de la mente de Lucy Pevensie, el corazón de Aslan, y la pluma de C. S. Lewis. En uno de los libros de Narnia de Lewis, un pequeño barco llamado *El Viajero del Alba* está mar adentro y en gran peligro. Una gran oscuridad se ha asentado y no se va. La tripulación está aterrada, insegura de si estarán vivos al día siguiente. Desesperada, la joven Lucy susurra: «Aslan, Aslan, si alguna vez nos has amado, envíanos ayuda ahora». Enseguida aparece un pequeño destello de luz, después un rayo completo que aumenta como un foco de luz y, entonces, un gran albatros que sale del cielo para guiarlos y sacarlos del peligro. Y, mientras son librados de su gran prueba, «nadie excepto Lucy sabía que, mientras daba la vuelta al mástil, le había susurrado: "Valor, querido corazón"». La voz, estaba segura, pertenecía a Aslan.[1]

No conozco ningún gran peligro en estos días, y no necesito el tipo de valor que apuntaló a la tripulación de *El Viajero del Alba* mientras experimentaban el terror de la oscuridad. Yo necesito valor de otro tipo. Recientemente le dije a Aileen que, aunque aún asocio a Nick con mi pasado y mi futuro, ya no lo relaciono con mi presente. Lo amo más que nunca; la ausencia hace que el corazón sea más afectuoso. Pero ya no espero ver su rostro o escuchar su voz. Ya no tengo esa sensación de que estoy encerrado en un sueño terrible y que pronto despertaré. Mi tristeza ha pasado de ser un dolor agudo a ser más parecido a un dolor leve. Y sé que es un dolor que cargaré por el resto de mis días.

El valor que necesito ahora es el de enfrentar toda una vida de tristeza, el valor de aguantar bajo una gran pérdida, el valor para hacer frente a una larga aflicción con fiel perseverancia. Necesito determinación, necesito lo que se requiera para mantenerme leal a Dios y sometido a sus propósitos. Necesito fortaleza para proseguir en presencia del dolor, fortaleza para resistir todo el camino hasta el final del viaje que Él ha marcado para mí. Y, mientras me detengo un momento para cambiarme de mano la regadera, oigo también el susurro, un susurro que da eso mismo que declara. «Valor, querido corazón», dice. Y la voz, estoy seguro, pertenece a Jesús.

CAPÍTULO 33

El ministerio de la aflicción

La muerte es el gran interruptor. La muerte es el gran interruptor porque, muy a menudo, golpea cuando menos lo esperas. Cuando llega, especialmente en la juventud, interrumpe planes, sueños, proyectos y metas. Un escritor observa cuán triste, cuán patético es cuando un hombre muere de repente y vamos a su hogar o lugar de trabajo, «y vemos las cosas sin terminar que ha dejado: una carta a medio escribir, un libro a mitad de leer, un dibujo empezado pero no terminado. La vida está llena de meros fragmentos», dice él, «meros comienzos de cosas».[1]

Entré al dormitorio de Nick en la residencia universitaria un par de días después de su muerte para recoger sus efectos personales, para decidir qué debíamos guardar y qué debíamos desechar. Su cuarto indicaba en todos los sentidos que tenía pensado regresar. Había libros sobre su escritorio como preparación para sus trabajos finales. Había palabras hebreas escritas por toda su pizarra blanca como preparación para sus exámenes. Hojas de cálculo abiertas llenas de listas de invitados en la pantalla de su computadora como preparativo para su boda. Estoy seguro de que él estaría tan sorprendido como nosotros si hubiera pensado que esas tareas se quedarían incompletas para siempre, que solo serían meros fragmentos, meros comienzos de cosas.

Y no fue solo *su* vida la que se vio interrumpida de manera repentina y significativa. El día antes de su muerte, yo también tenía muchos planes. Acababa de comenzar mi siguiente gran proyecto para un libro. Acababa de anotar las frases de inicio del libro que pretendía escribir después de eso. Estaba sumido en varios temas de investigación y estaba aprendiendo a manejar un programa informático nuevo diseñado para organizar y expresar ideas. Mi mente estaba llena de comienzos de cosas; sin embargo, el día después de la muerte de Nick, esas cosas también quedaron relegadas y casi olvidadas. Lo que parecía tan urgente e importante el día antes, parecía casi irrelevante el día después.

A fin de cuentas, escogí algunos de esos temas y terminé algunos de esos comienzos, pero solo unos pocos. La muerte de Nick me ha hecho reevaluar lo que es realmente importante, lo que merece mi atención, lo que vale la pena perseguir. No solo eso, sino que Dios lo ha usado para redirigir mi camino. Si la muerte es el gran interruptor, también es el gran redirector. La muerte de Nick no fue el final de mi llamado en la vida, sino un nuevo comienzo en ella. No ha cerrado mi historia, sino que ha abierto un nuevo capítulo. Si cada uno de nosotros es llamado por Dios para emprender algún tipo de ministerio, la muerte de Nick me ha llamado y equipado para empezar uno nuevo, un ministerio que no espera en absoluto.

Una antigua leyenda habla de la construcción de una de las grandes catedrales de Inglaterra y del maestro mayor de obras, quien tras haber dibujado detalladamente sus planos, viajó hasta una cantera cercana para escoger las piedras que utilizaría en su obra maestra. Puso su fina mirada en la gran colección reunida para su inspección, y comenzó a imaginar cuáles serían apropiadas para cada propósito: cuáles eran apropiadas para los cimientos y los pilares fuertes, cuáles encajarían bien para formar los potentes muros de contención y los imponentes capiteles. Con confianza, seleccionó una piedra particularmente áspera, después agarró su martillo con una mano y un cincel con la otra. Cuando el constructor comenzó a dar golpes en la piedra, esta gemía de dolor, pero él la consolaba explicándole que debía darle forma para que pudiera ocupar su lugar en su gran obra de arte. Si era capaz de soportar el dolor, vería que su plan era bueno. Y así fue, cuando el maestro mayor de obras terminó, la piedra encajaba perfectamente en el presbiterio, donde daría testimonio durante siglos de la genialidad del constructor.[2]

De igual modo, Dios sabe cómo encajar a cada uno de sus hijos en la iglesia porque, como el constructor de la leyenda, Él está creando una obra de arte que mostrará su genialidad y hará que todos los que la vean glorifiquen su nombre. Y, así como el constructor adapta la piedra para el propósito, Dios adapta a sus hijos para el plan. Él equipa a su pueblo en formas distintas, dotándolos de diferentes pasiones y llamándolos a distintos ministerios: unos a la exhortación, otros al evangelismo, otros a liderar y algunos otros a la enseñanza, algunos a actos de generosidad y otros a actos de misericordia.

Y Dios llama a algunos al ministerio de la aflicción. Porque así como llama a algunos a proclamar su evangelio en tierras lejanas, llama a otros a dar testimonio de su bondad en la aflicción. Así como llama a unos a sufrir valientemente el fuego de la persecución, llama a otros a hacer frente valientemente al dolor de la pérdida. Así como llama a unos a dar con generosidad y a otros a actuar con misericordia, también llama a algunos a sufrir fielmente. Y estoy convencido de que este es un ministerio al que Dios me ha llamado: el ministerio de la aflicción, un ministerio de sufrimiento fiel.

Yo solo podría encajar en este ministerio a causa de una gran pérdida. El que es llamado a predicar debe tener la capacidad de comunicar; el que es llamado a cantar debe tener un talento musical; el que es llamado a la generosidad debe tener algo que dar. Y el que es llamado al ministerio de la aflicción debe sufrir alguna pérdida. Si la imposición de manos me ordenó para mi ministerio pastoral, arrebatarme a Nick de mis manos me ordenó para el ministerio de la aflicción. La muerte de Nick es el martillo y el cincel del constructor, y yo —como la piedra— he gemido de dolor. Pero la muerte de Nick es también la calificación que me ha equipado para llevar a cabo el ministerio al que Dios me ha llamado. Si la piedra debe confiar en el constructor para que la haga apta para el edificio, yo debo confiar

en que Dios encaje al hombre en el templo, el templo vivo que
está construyendo y que tiene como fundamento a los apóstoles,
donde Cristo mismo es la piedra angular y donde cada uno de
nosotros encuentra su lugar y su propósito como los ladrillos de
una pared.[3]

No fue una trivialidad que yo aceptara a Cristo, ni cosa irrelevante que doblara mis rodillas ante Jesús y me consagrara a sus
propósitos. No fue que canté a la ligera: «Rindo todo a Jesús, le
entrego todo voluntariamente»,[4] o «Toma mi vida y conságrala
para ti, Señor».[5] No fue una oración de labios que decía: «Venga
tu reino. Hágase tu voluntad», o «No se haga mi voluntad, sino
la tuya». No fueron cosas hechas a la ligera porque sabía que
Dios probaría mis palabras. Cuando Dios me llamó a ir a Él,
llamó a cada parte de mi ser, y a recorrer todo el camino. A Él
rendí mi tiempo, mi dinero, mis dones, mis sueños y mis deseos.
A Él le rendí mi propia vida. Y a Él le rendí algo que quería más
que a mi propia vida: mi familia.

Cuando acudí a Cristo, me ofrecí a Él para ser usado para
sus propósitos y no los míos, para perseguir su gloria en lugar
de la mía. A menudo mi oración ha sido que Dios me haga útil,
que me equipe para ministrar de la forma que sea más necesaria.
Por lo tanto, ¿cómo podría rebelarme ahora? ¿Cómo podría
quejarme ahora? Él solo ha hecho lo que yo le insté a hacer.

¿Por qué me ha llamado Dios al ministerio de la aflicción?
No lo sé. No me lo ha dicho y tampoco me debe ninguna explicación, pero estoy convencido de que espera de mí que deje que
la aflicción haga su obra en mí. No debo dejar que me esclavice
o que me inutilice. Él no quiere que malgaste el resto de mi vida

incapacitado por la aflicción, sino más bien que permita que me motive a glorificarlo a Él haciendo el bien a otros.

Mediante este ministerio de la aflicción puedo testificar ante un mundo escéptico que alguien que alaba a Dios al dar, también puede alabarlo cuando pierde algo; que alguien que honra a Dios en tiempos de gran gozo, aún lo honrará en tiempos de gran pérdida. Puedo dar testimonio de que la fe puede sobrevivir a la aflicción, que podemos contentarnos incluso en la pérdida, que cuando somos débiles, es cuando somos verdaderamente fuertes, porque es en nuestra debilidad que Él nos provee de su fortaleza.

Y, mediante este ministerio, puedo ponerme junto a otros que enfrentan pérdidas similares y ministrarlos en su aflicción, consolarlos con el consuelo que yo mismo he recibido de Dios.[6] Ahora he sido equipado para llevar sus cargas y cumplir así la ley de Cristo.[7] He recibido lo que necesito para llorar de verdad con los que lloran, porque ellos verterán las mismas lágrimas que tan a menudo han llenado mis ojos.[8] De estas maneras, y de otras muchas, puedo llevar a cabo este nuevo ministerio al que Dios me ha llamado.

No soy el mismo hombre que era cuando Nick estaba vivo. Estoy profundamente herido, profundamente marcado, profundamente quebrantado. Sin embargo, sé que es Dios quien decretó este sufrimiento, y lo acepto como algo significativo, algo precioso, algo sagrado. Lo acepto como un entrenamiento para el ministerio al que Él me ha llamado. Estoy listo para aprender y para aplicar sus lecciones, por muy dolorosas que puedan ser. Sé que esto me hará ser mejor, hará que sea más amable, más tierno, más empático, que esté más santificado y que sea más útil. Sé que Dios no me ha sacado de un deber, sino que me lleva hacia un nuevo deber. No ha interrumpido mi utilidad para Él, sino que la ha redirigido. Y, donde Él me guíe, ahí debo ir. Donde Él me dirija, yo lo *seguiré*.

CAPÍTULO 34

Dios, dame
hijos varones

Me encantaba ser padre de un varón. Me encantaba ser padre de un hijo como el que elogiaba Salomón cuando dijo: «Los hijos sensatos traen alegría a su padre».[1] Verdaderamente, Nick era un hijo que hizo que su padre estuviera orgulloso, muy orgulloso de llamarlo mi hijo. En muchos aspectos, él era la alegría de mi corazón.

Extraño ser padre de un hijo varón. Extraño terriblemente el sencillo placer de escuchar una voz masculina decir: «Papá». Extraño tener a alguien que siga de cerca mis pasos, alguien que me observe, que me imite, que espere que lo guíe en el camino que debe seguir. Extraño saber que hay alguien que me está mirando para establecer un ejemplo digno de esposo, padre, pastor y cristiano. Durante dos décadas, ese fue uno de mis llamados más sagrados y preciosos; y después, en un instante, dejó de serlo. El instinto de padre que era tan fuerte dentro de mí pasó de abundante a vacío. Por lo tanto, aunque extraño a Nick tan profundamente, también extraño la parte de mi vida y la identidad que estaba envuelta en el hecho de ser su papá, de ser padre de un hijo varón. Su muerte me ha dejado varios tipos de vacío.

Estoy seguro de que esto no es una perspectiva nueva de la aflicción, pero es algo que he aprendido solo mediante la experiencia: que algunas pérdidas no son solamente la de una persona, sino también de una identidad. No solo nos afligimos por la persona que se ha ido, sino también por la parte de nuestra identidad que partió con ella. Me ha costado algo de tiempo entender esto, procesarlo, reconocerlo. Sin embargo, al reflexionar puedo ver cómo se ahoga de una manera tranquila y subconsciente.

En los primeros días después de esa trágica noche, descubrí que surgía una oración espontáneamente en mi corazón: «Dios, dame hijos varones». Esta es una oración que ha estado en mis labios a menudo el año pasado. No es una petición que llegó de forma intencional o deliberada, sino que simplemente surgió de mi interior, una que quizá intentaba llenar un agujero muy grande para suavizar una herida agonizante, para satisfacer un profundo anhelo.

Confieso que realmente no sé muy bien lo que significa esta oración o cómo espero que Dios la responda. Aunque sirvo al mismo Dios que Abraham y Zacarías, no anticipo que Dios responda esta oración dándome hijos varones biológicos. Y, aunque tengo dos hijas que confío que presentarán sendos yernos a la familia,[2] y aun cuando espero ser un buen padre para ellos, siento que tal vez haya más en cuanto a este asunto que eso. Pero, exactamente qué, no lo sé. No tengo claridad al respecto, ni idea alguna, ni siquiera suposiciones. Solo oraciones.

Por supuesto que Dios no satisface cada anhelo a este lado de la eternidad y no responde cada oración con un claro y rotundo sí. Él no me debe ninguna respuesta y no tengo derecho alguno a demandarla. Sin embargo, si Dios me ama como un padre ama a un hijo, ¿no sería esta la clase de oración que probablemente Él respondería? ¿No sería esta la clase de oración que quizá Él mismo pondría en mi corazón?

No sé lo que me traerán los años. No sé cuántos me ha asignado el Señor. Nunca he sido más consciente de mi propia dependencia de su providencia, y nunca he estado más dispuesto a reconocer que Dios ordena este mundo según su inescrutable sabiduría. Nunca he estado más dispuesto a confiarle a Él simplemente mi vida, mi corazón, mis oraciones. Por lo tanto, de momento seguiré orando con esperanza, con fe, e incluso con alguna expectativa. Seguiré orando: «Dios, dame hijos varones». Y anticiparé cómo podría contestarme, cómo podría dirigirme, cómo podría responder al anhelo de mi dolido corazón.

CAPÍTULO 35

En verdes pastos

Ninguna obra de arte es más hermosa, más valiosa, más irremplazable, que el salmo 23. Se ha mantenido a lo largo de los siglos como una obra de arte más exquisita que *La ronda nocturna*, más impecable que la *Mona Lisa*, más aleccionadora que *La noche estrellada*. Los versos de los más grandes poetas no pueden igualar sus imágenes, ni las palabras de los teólogos más grandes su profundidad. Eruditos con credenciales luchan con sus ideas y, sin embargo, los niños pequeños lo pueden entender. Se lee en las cunas, en los ataúdes y en las criptas, en nacimientos y fallecimientos, en bodas y funerales. Se ora en privado, se canta en las iglesias y también en las catedrales.

Este salmo enjuga más ojos llorosos, levanta más manos caídas y fortalece más rodillas débiles que cualquier hombre o ángel. Cura todo tipo de heridas y ministra a todo tipo de aflicción. Cambiarlo por todas las riquezas de todos los mundos sería el peor de los tratos. Preferiría haber escrito el salmo 23 antes que escribir *Hamlet*, que pintar *Los girasoles* o que esculpir *El pensador*, porque cuando la obra de Shakespeare se haya olvidado, cuando el cuadro de Van Gogh se haya descolorido, cuando la escultura de Rodin se haya destruido, la canción de David aún permanecerá. Nos empobrecemos si no lo leemos, si no meditamos en él y no lo valoramos. Nos debilitamos si no bebemos profundamente de sus aflicciones tan profundas.

El gran salmo de David emplea las imágenes más sencillas, las de un pastor y sus ovejas, y nos asegura las verdades más profundas: Dios siempre está presente con su pueblo. «El SEÑOR es mi pastor», dice de forma tan sencilla, «nada me faltará».[1] Porque el Señor es su pastor, esta oveja puede tener la seguridad de que no le faltará nada de lo necesario, porque el pastor ama a su rebaño y suplirá fielmente para todas sus necesidades. Cuando estén cansadas, Él hará que descansen en pastos verdes; cuando estén sedientas, Él las guiará junto a corrientes de aguas; cuando estén abatidas, Él las restaurará; cuando estén perdidas o inseguras, Él las guiará por el camino correcto. Las ovejas pueden descansar tranquilas bajo el ojo atento del pastor. Pueden estar seguras de que tendrán todas sus comodidades bajo su tierno cuidado.

Sin embargo, algunas veces los campos se quedan estériles y los ríos se secan; y, en esas ocasiones, el buen pastor sabe qué hacer; sabe que debe guiar a sus ovejas a pastos frescos y a aguas frías y tranquilas. También sabe que el camino será difícil, porque esos pastos y aguas están al otro lado de un valle muy oscuro. Así que llama a sus ovejas para que estén con Él y empieza a guiarlas hacia la oscuridad, a guiarlas por un camino que no les resulta familiar.

Y aquí, al borde de la incertidumbre, la oveja le dice al pastor: «Aunque pase por el valle de sombra de muerte, no temeré mal alguno, porque Tú estás conmigo».[2] Aunque el pastor debe guiar a sus ovejas por la oscuridad, aunque debe guiarlas a través de valles desconocidos, ellas irán porque Él está con ellas. Sus temores se calman al ver la fortaleza de Él, y su incertidumbre al ver su presencia. Cuando los enemigos se acerquen, Él los alejará con su vara; cuando las ovejas tropiecen, Él las levantará con su cayado.

Y, muy pronto, oveja y pastor saldrán a la luz al otro lado de su oscuridad. Y, allí, de nuevo se reunirán para tener descanso y refrigerio. Allí, de nuevo morarán en una dulce paz.

El pastor que las guía lo hará desde el inicio, durante el trayecto y en la llegada.

Es un gran consuelo saber que el pastor que cuida de sus ovejas junto a las aguas tranquilas es el mismo que las cuida en el valle de sombra. Las ovejas no entran neciamente en ese valle. No son guiadas hasta allí por lobos salvajes ni son perseguidas hasta allí por osos hambrientos. Son guiadas allí por su buen pastor, y entran allí solo según su buen plan y propósito perfecto. Entran en el valle solo porque les beneficiará, solo porque el pastor las está guiando a algo mucho mejor. No están solas ni un momento, porque siempre lo siguen a Él.

Mi pastor me ha llamado a caminar por una senda difícil, una senda de aflicción, una senda de tristeza, una senda manchada de lágrimas. El camino es inexplorado para mí pero familiar para Él, porque Él ve el final desde el principio; Él conoce desde tiempos antiguos las cosas que aún no han sucedido. Él habla a la oscuridad y declara: «Mi propósito será establecido, y todo lo que quiero realizaré».[3] Puedo tener en Él toda la confianza que tiene una oveja en su pastor. Puedo seguirlo, sabiendo que «Ciertamente el bien y la misericordia me seguirán todos los días de mi vida, y en la casa del SEÑOR moraré por largos días».[4]

Y le *seguiré,* cantando esta canción en la oscuridad, meditando en sus verdades a cada paso. Prefiero enfrentar mi prueba con el salmo de David en mi corazón que con la vara de Aarón en mi mano, que con el ejército de Josué a mi lado, que con el oro de Salomón en mi bolsillo. Prefiero conocer las palabras de esta sola canción que las de todos los grandes himnos de la fe cristiana. Prefiero perderlo todo con mi pastor a mi lado que ganar el mundo entero yo solo. Sí, puedo soportar la pérdida de mi hijo mientras sienta la presencia de mi pastor. Puedo recorrer este camino, puedo pasar por este valle oscuro, solo si mi pastor me conduce, solo si Él me guía en el camino.[5]

CAPÍTULO 36

Mi posesión
más preciada

En una ocasión oí hablar de un anciano que, hasta donde la mayoría podía recordar, llevaba consigo una cajita de madera dondequiera que iba. Cuando visitaba a los clientes, la caja viajaba con él. Cuando adoraba en la iglesia, la caja estaba a su lado. Cuando se acostaba, la caja permanecía en su mesita de noche. Incluso la incluyó en su testamento. Las leyendas aumentaron con respecto a lo que podría contener la caja. Algunos decían que dinero, otros que joyas y otros que diamantes; pero, cuando llegó el día y finalmente murió, ninguno de ellos había acertado. Abrieron la caja y, los que estaban allí, vieron que solo contenía algunos juguetitos que habían pertenecido a su querido hijo, el cual había muerto hacía muchos años. Esa era la posesión más preciada de ese hombre, sus tesoros más sagrados.

Y *eran* tesoros porque, aunque quizá no tenían valor alguno a los ojos de los demás, para él tenían un valor incalculable, ya que habían pertenecido a una persona a la que había amado y se había ido, a alguien a quien habían arrebatado de sus brazos y entregado a los brazos de los ángeles. Eran recordatorios de lindos momentos y días felices, y señales de mejores momentos e incluso de días más bendecidos que le esperaban. Al contemplarlos, mientras los tocaba, mientras pensaba en ellos, transportaban su mente hacia atrás y hacia adelante, al pasado y al futuro, a los días en la tierra y a los días en el cielo. De alguna forma, esos objetos cubrían la vasta distancia entre el hombre y su hijo, entre los vivos y los muertos.[1]

Aunque no puedo echarle en cara a Nick algo que en verdad es una virtud, casi deseo que le hubieran importado más las posesiones. Casi deseo que hubiera dejado atrás algunos objetos valiosos, algunos artículos que amaba y valoraba por encima del resto. Si lo hubiera hecho, yo podría haber sido tentado a hacerme una caja y llevarla conmigo todo el tiempo. Pero resulta que a él le importaban muy poco las cosas materiales. Si tenía comida que comer, ropa que vestir, un libro que leer y una computadora para trabajar, ya estaba contento.

Sin embargo, sí dejó atrás una Biblia. Cuando decidió que quería entrar al ministerio y cuando lo demostró al inscribirse en un seminario, su madre y yo le obsequiamos una Biblia, de esas aptas para un pastor y que duran toda una carrera de predicación, enseñanza y consejería. En la página de dedicatoria escribí unas sencillas palabras para animarlo a vivir y ministrar conforme a la Palabra de Dios.

Que yo sepa, predicó con esa Biblia una sola vez. Durante unas prácticas de verano en nuestra iglesia, tuvo la oportunidad de dirigir un servicio en la noche. Abrió su Biblia y enseñó solo una pequeña porción, un minimensaje basado en la verdad infalible. Yo no podía estar más orgulloso: orgulloso de verlo enseñar y, aún más, de ver su compromiso con la Palabra de Dios en este, su único sermón.

Esa Biblia fue uno de los pocos objetos que apartamos cuando recogimos su cuarto en la universidad, una de las pocas pertenencias suyas que llevamos con nosotros de regreso a casa. Por un tiempo estuvo en una estantería, hasta que se me ocurrió pedirle a mi suegro que hiciera un cajón exhibidor para ella. Se puso a trabajar e hizo un hermoso atril de teca y un estuche de cristal, una casa apropiada para una posesión tan preciosa.

Hace unos años recorrí el mundo en busca de objetos históricos mediante los cuales pudiera contar la historia de la fe cristiana. Encontré cientos de artículos dignos de atención, muchos de los cuales eran Biblias. En una pequeña oficina en un sótano en Oxford, encontré la Biblia de William Carey en un estuche que había sido construido con la madera de su viejo banco de zapatero. En un archivo en Belfast, leí las notas al margen de la Biblia de Amy Carmichael, y en un museo de una sola habitación en Bristol, leí Santiago 1:27 de la Biblia de George Müller. En un seminario en Sídney, hojeé una Biblia de la primera edición de la traducción King James que cuesta lo mismo que una casa, y en Manchester pude ver un trozo de papiro del libro de Juan que vale muchísimo más. Cada una de esas Biblias es una maravilla, cada una de ellas es una parte de la historia.[2]

Pero no cambiaría ni una de ellas por la sencilla Biblia de piel negra de la English Standard Version que reposa en el estuche que hay junto a mi escritorio.

Igual que ese anciano abría de vez en cuando su cajita de madera y contemplaba los juguetitos que una vez habían estado en las manos de su hijo, yo a menudo miro esa Biblia y dejo que me recuerde a Nick porque, de alguna manera, eso acorta la distancia entre padre e hijo, entre el que se quedó y el que se adelantó. Y, aunque el objeto en sí puede hacer poco para consolarme, las palabras que muestra pueden hacer mucho más, porque la he dejado abierta en 1 Corintios 15, con sus palabras de gracia, esperanza, misterio y victoria. Estas palabras, leídas de forma tan poderosa en el funeral de Nick, me recuerdan la verdad cuando mis recuerdos se desvanecen, apuntalan mi fe cuando mi corazón se cansa. Me recuerdan que el triunfo de Cristo sobre la muerte fue también mío, y también de Nick. Me recuerdan que la muerte misma ha sido vencida en la muerte de Cristo, para que «así como en Adán todos mueren, también en Cristo todos serán vivificados».[3]

Y los días en que me inunda una tristeza particularmente profunda, los días cuando me siento abrumado por completo, levanto el cristal y saco la Biblia de su estuche. La dejo reposar sobre mis piernas, hojeo sus páginas y me imagino a mi precioso hijo haciendo lo mismo. Leo algunas de sus promesas y sonrío al pensar que Nick ya ha visto cumplidas las mejores. Después, volviendo a dejar la Biblia en su estuche, le doy gracias a Dios por el joven al que una vez perteneció esa Biblia, el joven que una vez la sostuvo, el joven que una vez la recibió de mi mano y después la devolvió.

CAPÍTULO 37

No necesita nada

«¿Y quién es este siervo suyo, para que Su Majestad se fije en él? ¡Si no valgo más que un perro muerto!». Estas desconfiadas palabras salen de la boca de Mefiboset cuando se le dijo que, a partir de ese día, sería bienvenido a sentarse a comer en la mesa del rey y que se le habían devuelto los bienes de sus padres. En un momento fue sacado del anonimato y llevado al honor, porque en un momento el rey había dejado de tratarlo como un súbdito y había comenzado a tratarlo como un hijo.[1]

La Biblia nos da muchos ejemplos de amor entre amigos, pero no hay ninguno más instructivo que el de David hacia Jonatán. La ternura que David muestra con el humilde Mefiboset no está dirigida primeramente hacia él sino hacia su padre, porque el hijo recibe la atención de David solo después de que el rey les preguntara a sus siervos: «¿Hay todavía alguno que haya quedado de la casa de Saúl, para que yo le muestre bondad por amor a Jonatán?».[2]

Hacía mucho tiempo que David había sufrido la dolorosa pérdida de su mejor amigo, pero nunca perdió su amor por él. Aunque las almas que estaban tan unidas en vida fueron separadas por la muerte, el afecto seguía siendo fuerte. Aunque David ya no podía hablar más con su amigo, ya no podía disfrutar de su compañía, ya no podía animarlo o que él lo animara, su corazón seguía siendo cálido hacia él. Ahora, como ya no podía expresar ese amor directamente, escoge expresarlo de forma indirecta, creativa y generosa. Lo que puede hacer David para amar a Jonatán es amar al hijo de Jonatán.

Como cristianos, estamos acostumbrados a oír que el amor es un verbo, que amar no es algo que solo se siente, sino algo que se debe hacer. No hacemos ningún bien a nuestros hijos si sentimos amor por ellos, pero no les damos de comer o los vestimos. No hacemos ningún bien al mundo si sentimos mucha compasión por el estado de las almas perdidas, pero no hablamos a nadie de Jesús. La religión que es pura y sin mancha ante nuestro Padre no es la que siente mucho, sino la religión que hace mucho, como visitar huérfanos en sus aflicciones y ministrar a las viudas en su tristeza.[3] Los sentimientos tienen la intención de provocar acciones para que los corazones amorosos realicen actos de amor. En ese caso, una de las mayores aflicciones que llegan con la muerte de un ser querido es quedarnos con sentimientos a los que no podemos dar seguimiento con acciones.

Por veinte años me encantó amar a Nick. Me encantó sentir amor por él, pero aún mejor, hacer actos de amor por él, poner mis afectos en acción, porque ser padre se trata de amar, se trata de dar, se trata de cuidar. Cuidar de él y de sus hermanas ha sido una de mis mayores alegrías, servirles ha sido uno de mis más grandes honores, consentirlos ha sido uno de mis más queridos placeres. Durante años consideré un gozo hacerles la comida para que se la llevaran a la escuela, prepararles bocadillos, galletas y zumos, cada paquete personalizado un poco según los gustos de cada uno. Me encantaba crear la tradición de invitar a alguno de ellos a desayunar en alguna cafetería cada sábado, para poder disfrutar sin más el uno del otro mientras charlábamos ante un café y una tostada con beicon y huevos. A medida que se iban haciendo mayores y comenzaban a conseguir empleos, establecí el hábito de asegurarme de estar despierto antes que ellos para poder prepararles su café en la mañana y abrazarlos al salir por la puerta. Nadie debía tener que abordar un día duro de trabajo sin un abrazo. Y después estaba el tremendo privilegio de la oración. Siempre quise que supieran que, antes de que comenzara su día, yo ya había orado por ellos. Qué honor, qué bendición ha sido interceder por ellos cada día.

He estado anticipando la siguiente etapa de amar a mis hijos, una etapa en la que los amaría como adultos, como colegas, como esposos y esposas. He estado anticipando amar a los hijos de mis hijos. Como siempre, Nick sería el pionero. Para prepararme, hablé con amigos que tienen hijos mayores que los míos. Les pedí consejo sobre cómo amar mejor a los hijos mayores, cómo servirlos y sorprenderlos en su vida adulta como tanto los había amado en su infancia. Me dieron muchísimos consejos sabios sobre amarlos, afirmarlos y consentirlos. Me emocionó comenzar a poner en práctica su sabiduría.

Sin embargo, entonces, ya no hubo nada más que yo pudiera hacer, ninguna acción más que pudiera llevar a cabo con Nick. Todos los sentimientos de amor permanecen y son incluso mayores a través de las lentes de la pérdida, pero la capacidad de amarlo se fue tan lejos como él mismo. Cuando antes siempre podía darle una palabra de ánimo o enviarle un regalito, ahora no puede beneficiarse de mi ánimo. Ya no puede recibir las expresiones de mi afecto. Mi amor es fuerte, pero mi boca se ha quedado callada y mis manos faltas de poder. No hay nada que él necesite ahora, nada que pueda conseguirle, nada que pueda ofrecerle, nada que pueda hacer por él, nada por lo que pueda orar por él. Lo mejor que se me ha ocurrido ha sido llevarle una taza de café al cementerio, quitar las malas hierbas del césped que hay encima de su tumba, y cuidar un jardín en miniatura que hay junto a su monumento. Pero sé que esos pequeños gestos son para mí, no para él. Detesto esta incapacidad. Detesto este vacío. Detesto esta impotencia.

Me pregunto si este sentido de impotencia es por el que los católicos romanos se ven atraídos a la doctrina del purgatorio. La doctrina católica dice que las almas de los cristianos no van directamente al cielo, sino que primero deben entrar en un lugar de purga, donde a través del sufrimiento son purificadas de cualquier pecado que quede aún. Se convierte en responsabilidad de los seres queridos el interceder por ellos, orar por ellos, hacer misas por ellos, hacer lo que puedan para acortar ese tiempo tan terrible de sufrimiento. Por supuesto, yo estoy convencido de que el evangelio de la justificación solo por gracias a través de la fe niega el concepto del purgatorio, así que estoy seguro de que no existe. Aun así, entiendo algo del atractivo que tiene. No hay nada que yo no compraría, nada que no adquiriría, nada que no haría, nada que no iniciaría, si supiera que iba a servirle a Nick, si solo me permitiera expresarle mi amor.

Sin embargo, la realidad es que no hay nada que Nick necesite. Esta verdad parece dura, pero sé que realmente es muy buena. No hay nada que Nick necesite, porque está en ese lugar donde todas sus necesidades están cubiertas. No hay nada que le falte, porque está en el lugar donde no hay carencia ninguna. No hay nada que yo pueda hacer por él, porque Jesús ha hecho todo lo necesario; no hay nada que yo pueda dar, porque Jesús dio su propia vida, su sangre; no hay nada que yo pueda pagar, porque Jesús lo pagó todo. Si Nick tiene algún deseo no cumplido, cualquier anhelo no satisfecho, es solo este: que la historia llegue a su gran consumación en el regreso de Jesucristo. Él, con los santos y mártires, ahora mismo debe estar clamando: «¿Hasta cuándo, oh Señor?».[4]

Sin embargo, David me enseña que, aunque no hay nada que Nick necesite, eso no significa que no pueda expresar mi amor. Como David, puedo preguntar: «¿Ha quedado alguien a quien Nick amara, a quien le pueda mostrar bondad por causa de Nick?». Puedo expresar mi amor cuidando de la gente que él cuidaba: su madre, sus hermanas, su prometida. Yo amaba a esas personas antes, por supuesto, pero estoy comprometido a amarlas aún más para honrar a mi hijo, hermano y amigo. Mi amor por ellos puede ser un tributo para él, una expresión de mi lealtad. Y, al expresar mi amor por él a través de mi amor por ellos, estaré anticipando el día en que finalmente se junte la gran separación existente entre nosotros, cuando de nuevo lo vea cara a cara, cuando de nuevo pueda mostrarle el amor que incluso ahora produce calidez en mi corazón, un temblor en mis labios, y lágrimas en mis ojos.

CAPÍTULO 38

Hoy extraño a mi hijo

Hoy extraño a mi hijo. No hace falta que lo diga, imagino, ya que lo extraño todos los días. Pero este día en concreto el dolor es especialmente agudo, especialmente profundo. Extraño a mi amigo y hermano; extraño a mi alumno. Extraño al hijo de mi juventud, el deleite de mi corazón. Extraño verlo y abrazarlo. Extraño enseñarle y aprender de él. Extraño el sonido de su voz y las carcajadas de su risa. Extraño tener un hijo varón. En resumen, extraño a mi Nick.

El tiempo entre ahora y cuando se fue al cielo ha pasado muy rápidamente, pero a la vez muy lento. A veces siento como si hubiera sido ayer cuando recibimos la llamada telefónica, solo ayer cuando oficiamos el funeral, solo ayer cuando vimos cómo bajaban el féretro a la tierra fría y oscura. Pero, al mismo tiempo, me parece como si hubiera pasado toda una vida. Éramos personas distintas en ese entonces, una familia distinta con deseos distintos, suposiciones distintas, un entendimiento distinto de la vida y la muerte, y del Dios que es soberano sobre todo ello.

Y así como el tiempo entre ahora y cuando Nick se fue al cielo ha pasado rápido y lento a la vez, espero que el tiempo entre ahora y cuando yo vaya al cielo también pase rápido y lento. Esta vida es un guion, un parpadeo, un vapor y, sin embargo, es algo que requiere mucho esfuerzo, una maratón, un peregrinaje largo y agotador. He comenzado a observar que, aunque la brevedad de la vida se ve mejor en retrospectiva, es la lentitud de ella lo que tendemos a sentir en el momento. Quizá sea corta al mirar atrás, pero es larga en el día a día.

Y hoy se me está haciendo larga. Hoy me parece un día largo. Me parece largo al mirar al futuro y ver un camino ante mí en el que quizá tenga que estar meses, años y décadas. Me parece más larga aún al considerar la pesada carga de tristeza que Dios me ha llamado a llevar. Estoy seguro de que puedo llevar un gran peso durante una distancia corta, pero no estoy tan seguro de poder llevarlo durante kilómetros o por muchos años. Sencillamente, no sé cómo aguantaré bajo esta aflicción si tengo que soportarla hasta el final.

Mi padre era constructor de jardines y solía llevarme a trabajar con él de vez en cuando. Recuerdo un día en el que me llevó con él para usarme como mano de obra barata no especializada. Me mostró un montón de ladrillos que habían enviado al extremo del estacionamiento de un cliente y después un sendero de un jardín que estaba construyendo hasta la puerta principal. Mi trabajo consistiría en llevar los ladrillos desde el primer lugar hasta el segundo. Recuerdo mirar ese enorme montón de ladrillos con desesperación. ¿Cómo iba a mover yo, con doce o trece años, algo que me parecía literalmente una tonelada de ladrillos? Me di cuenta de que iba a tener que hacerlo de la única manera que podía. Uno a uno, ladrillo a ladrillo, paso a paso, le llevé cada uno a mi padre. Él los ponía tan rápido como yo se los entregaba hasta que quedó hecho un camino perfecto que conducía hasta la entrada principal de esa hermosa casa.

Y, de igual modo, aunque Dios me ha llamado a soportar la tristeza durante toda una vida, y a hacerlo fielmente, no me ha llamado a soportar todo su peso a la vez. Así como el montón está compuesto de muchos ladrillos, una vida entera está compuesta de muchos días. La carga de la tristeza de toda una vida sería demasiado pesada como para poder llevarla, y el reto de ser fiel durante toda una vida demasiado abrumador como para siquiera considerarlo. Pero el Dios que conoce mi fragilidad ha fragmentado la tarea en pequeñas partes, pequeños días, y ha prometido una gracia que es suficiente para cada uno de ellos. Mi reto para hoy no es llevar la tristeza de toda una vida o ser fiel hasta el final, sino solo llevar la tristeza de hoy y solo ser fiel en este breve día que Él ha puesto delante de mí.

Y estoy seguro de que, con su gracia, puedo llevar la tarea de hoy. Estoy seguro de que puedo llevar la carga de la aflicción de este día hasta que caiga la noche y mis ojos se cierren para descansar. Estoy seguro de que puedo ser fiel al llamado de hoy todo el tiempo que dure este día. No tengo que pensar en el día de mañana, o la semana que viene, o el año que viene. No necesito la fuerza para llevar las cargas de ningún otro día o la resolución para permanecer fiel bajo ninguna otra circunstancia. La tarea que Dios me ha dado comenzó esta mañana y llega solo hasta esta noche. Después, cuando mañana me despierte de nuevo con el alba de un nuevo día, despertaré a nuevas bendiciones, nueva fortaleza, y nueva gracia que me permitirá ser fuerte y fiel también durante todo ese día.

Y, de ese modo, ladrillo a ladrillo, paso a paso, día a día, Él me guiará, me guardará, me capacitará para ser fuerte y fiel en todo aquello que me llame a hacer. Y, al servir a mi Padre en la tarea que me ha dado, sé que cada ladrillo, cada paso, cada día, me acerca un pasito más a la entrada de esa gran casa que Él está preparando para mí.

CAPÍTULO 39

La muerte no le hizo ningún daño

Uno de los grandes y perdurables poemas de la lengua inglesa, uno que memoricé en mi niñez y he recitado incontables veces desde entonces, se escribió específicamente para ridiculizar la muerte. Mostrando un dominio profundo del lenguaje, la métrica y el ritmo, John Donne se burla de la muerte y la menosprecia por convencer falsamente a muchos de su poder, a muchos de su fortaleza, a muchos de su horror. En «Holy Sonnet X», más conocido como «Muerte, no seas orgullosa», Donne personifica a la Muerte para poder retirar el telón y exponer el fraude que merodea detrás:

> Muerte, no seas orgullosa, aunque algunos te hayan llamado
> poderosa y terrible, no lo eres.[1]

Muchos hemos considerado la muerte como poderosa y temible, y digna de nuestro mayor miedo. Muchos vivimos toda nuestra vida con inquietud y turbación mientras esperamos su inevitable llegada. Algunos apenas viven, o viven sin entusiasmo, por tener miedo a la muerte. No es de extrañar, entonces, que la muerte se haya vuelto altiva, orgullosa y engreída, convencida de su propio poder.

Sin embargo, la realidad es muy distinta. Como sigue diciendo el poeta, él ofrece todo un catálogo de formas en las que la muerte falla a la hora de llevar a cabo sus amenazas, maneras en las que la muerte —al final— se ha mostrado inofensiva con aquellos a los que Dios ama. La muerte, destaca él, en verdad no nos mata, sino que solo nos envía a descansar y dormir. La muerte verdaderamente no nos roba la vida, solo separa nuestra alma de nuestro cuerpo por un tiempo. La muerte no toma la iniciativa, sino que siempre es esclava de las acciones de otros. Y después, aunque la muerte nos amenaza a cada uno, vive en constante temor, siempre sabedora de que la mayor de todas las muertes será la suya propia. Porque, como dice Donne en su poderoso pareado final:

> Después de un breve sueño, despertaremos eternamente
> y la muerte ya no existirá. ¡Muerte, tú morirás!

Sin duda, la Biblia describe la muerte como el enemigo final y, aunque será la última en caer, no cabe duda de que le llegará su momento.[2] La muerte de la Muerte ya ha sido garantizada por la crucifixión y resurrección de Jesucristo. Su día y su hora finales ya están fijados en la mente de Dios, y ahora simplemente espera el momento que Él ha escogido. Como una pequeña palabra finalmente acabará del todo con el reino de Satanás, así también sucederá con el reino de la muerte. Aprendemos que la muerte es un adversario derrotado, un enemigo flojo, un enemigo encadenado que no puede avanzar un paso más de donde Dios le permita.

Ahora, con la mente del poeta miro a la muerte y también la provoco.[3]

Muerte, ¿le hiciste algún gran daño a Nick cuando liberaste su espíritu de su cuerpo? Seguro que no, porque lo único que hiciste fue librarlo del dolor físico y entregarlo a las bendiciones espirituales. Lo libraste de todo conflicto y esfuerzo, de toda aflicción y sufrimiento, de toda ansiedad e incertidumbre. Lo llevaste a la paz más plena y al más dulce consuelo. ¡Muerte, no seas orgullosa!

Muerte, ¿le hiciste algún gran daño a Nick cuando lo apartaste de mi lado? No, porque cuando apartaste a Nick de mi lado, lo llevaste junto al Salvador. Lo transportaste a ese lugar donde puede recibir su bienvenida y su recompensa, donde puede ver el rostro de su Salvador, donde puede expresar su gratitud más profunda a aquel que lo sanó y lo restauró. ¡Muerte, no seas orgullosa!

Muerte, ¿le hiciste algún gran daño a Nick cuando lo apartaste de este lugar de duro trabajo, lejos de este lugar que constantemente drena el cuerpo, la mente y el espíritu? No, porque ahora él ha recibido descanso, descanso de todo lo que aflige, descanso de todo lo que desconcierta, descanso de todo lo que desanima. Él ya no tiene que esforzarse contra el pecado ni esforzarse por la santidad; ya no tiene que sufrir pruebas y ya no tiene que soportar tentaciones; ya no peca y ya no se puede pecar contra él. Ahora está plenamente equipado para servir —a la perfección— al Salvador a quien tanto ama. ¡Muerte, no seas orgullosa!

Muerte, ¿le hiciste algún gran daño a Nick cuando lo separaste de su casa terrenal? No, porque meramente apartaste a Nick de esta tierra extraña en la que él solo fue un viajero y lo llevaste a esa tierra nueva donde desde hacía mucho tiempo él había asegurado su ciudadanía. Lo transportaste de este lugar de fe a ese lugar de vista, de esta sombra a esa luz, de esta muestra a esa realidad, de una tienda terrenal a un palacio celestial. ¡Muerte, no seas orgullosa!

Muerte, ¿le hiciste algún gran daño a Nick cuando lo separaste de su familia? De ninguna manera, porque simplemente lo llevaste a la comunidad de arriba, a la gran compañía de santos que están en la presencia de Cristo para adorarlo de manera perfecta y eterna. Allí se unió a los santos y mártires, a los ancianos y los ángeles, para dar su alabanza perfecta y sus oraciones perfectas a su Dios perfecto. ¡Muerte, no seas orgullosa!

Muerte, aunque tal vez pienses que eres ama, solo eres sirvienta. Aunque pienses que eres poderosa, solo tienes el poco poder limitado que Dios te ha concedido. Aunque puedas pensar que asustas, me río en tu cara. Quizá estés convencida de que, porque has recorrido esta tierra desde los días del Edén, caminarás para siempre, pero escucha, y oirás que el reloj sigue corriendo; mira, y verás que la arena del tiempo se termina; piensa, y sabrás que tu final se acerca rápidamente. Porque, en el mismo grado que la muerte y la resurrección de Jesucristo garantizaron las vidas de los que ama, garantizaron también tu defunción.

Y, en ese día, nadie estará de luto, nadie llorará, nadie verterá una sola lágrima por ti. Al contrario, cantaremos, celebraremos, haremos fiesta y nos gozaremos, bailaremos sobre tu tumba. Muerte, alza la barbilla y mírame a los ojos mientras lo digo: no le hiciste ningún daño a Jesús, no me puedes hacer ningún daño a mí, y no le hiciste ningún daño a Nick. Muerte, no seas orgullosa, porque después de un corto sueño, *nosotros* despertaremos eternamente, y *tú* dejarás de existir. ¡Muerte, *tú* morirás!

> Muerte, no seas orgullosa, aunque algunos te hayan llamado
> poderosa y terrible, no lo eres;
> porque aquellos a quienes crees poder derribar
> no mueren, pobre Muerte; y tampoco puedes matarme
> a mí.
> El reposo y el sueño, que podrían ser casi tu imagen,
> brindan placer, y mayor placer debe provenir de ti,
> y nuestros mejores hombres se van pronto contigo,
> ¡Descanso de sus huesos y liberación de sus almas!
> Eres esclava del destino, del azar, de los reyes y de los
> desesperados,
> y moras con el veneno, la guerra y la enfermedad;

y la amapola o los hechizos pueden adormecernos tan
      bien
como tu golpe y mejor aún. ¿Por qué te muestras tan
      engreída, entonces?
Después de un breve sueño, despertaremos
      eternamente
y la Muerte ya no existirá. ¡Muerte, tú morirás!

CAPÍTULO 40

¡Es el tiempo
de resucitar!

Me despierto temprano, demasiado descansado como para quedarme en la cama, pero demasiado cansado como para comenzar el día. Bajo las escaleras un tanto descompensado, aprieto el botón de «encender» de la cafetera, y después me siento en el sofá mientras espero que el café esté listo. En esos breves instantes, me vuelvo a quedar dormido y tengo un sueño muy gráfico.

En mi sueño, me veo acostado en la cama cuando un enviado angelical me despierta con un mensaje. Y, como le debió pasar a María, como le debió pasar a José, como le debió pasar a Zacarías, en mi sueño lo sé, sé que el mensajero es de fiar y que su mensaje es auténtico. «Dios me envió a decirte que Cristo volverá exactamente en una hora». Mi corazón se acelera.

Mi mente se sorprende. Mis pies corren. Saltando de la cama, bajo corriendo las escaleras, agarro el abrigo y las llaves, y salgo corriendo por la puerta. Sé exactamente dónde tengo que estar.

Una escena se funde con la siguiente y me veo llegando al cementerio Glen Oaks. Abriendo la puerta del automóvil de par en par, salgo a la oscuridad de antes del amanecer. Comienzo a correr y, al pasar por las filas de tumbas, voy gritando las buenas noticias. «¡Es el tiempo! ¡Es el tiempo!», grito. «¡Es el tiempo de resucitar!». Voy corriendo entre las filas, una a una, pisoteando la desnivelada hierba.

Veo que hago una pausa breve junto a la tumba del joven cuyos padres han decidido grabarla solo con tres breves palabras, las palabras que Aslan susurró a Lucy cuando estaba abrumada por el miedo y la incertidumbre: «Valor, querido corazón».[1] Y, aunque esas palabras me han bendecido muchas veces y también me han fortalecido, esta mañana no necesito ánimo alguno. «Caleb», grito, «¡es el tiempo! Es el tiempo de resucitar. Solo unos minutos más, ¡y ya es el tiempo!».

Reanudo la carrera pero me detengo de nuevo casi al instante, esta vez junto a una tumba cercana donde, hace solo unas semanas, una familia se reunía para cantar unos hermosos himnos de consolación tanto en inglés como en hindi. «Es el tiempo, mi hermana en Cristo», digo gritando. «¡Es el tiempo de resucitar!».

Me veo corriendo sin parar, recorriendo las filas silenciosas, gritando las buenas noticias. Me detengo de nuevo, esta vez junto a un lugar donde otro joven está enterrado, uno cuyos padres una vez se acercaron a Aileen y a mí para animarnos, para consolarnos, orando porque el consuelo del cielo estuviera sobre nosotros. «¡Es el tiempo!», grito. «¡Es el tiempo! Solo unos momentos más ¡y resucitarán! Su cuerpo y su alma se volverán a unir ¡y resucitarán! ¡Es el tiempo!».

El horizonte oriental está comenzando a resplandecer con los primeros rayos del día. Los primeros rayos del sol amenazan con atravesar las nubes que están sobre el lago Ontario. El reloj solo ha marcado un minuto y ahora los pies me llevan al lugar del cementerio que se ha convertido en el más familiar para mí.

Con mi rostro reflejando el sol del amanecer, me detengo donde me he detenido tantas veces. Al borde de ese rectángulo de césped que mi mano ha cuidado y que he regado con mis lágrimas, me arrodillo. En un tono de voz confiado y firme, digo: «¡Es el tiempo, hijo mío! ¡Es el tiempo! Solo un minuto más y oiremos la voz de mando. Solo un momento más y oiremos la voz del arcángel. Solo unos segundos más y oiremos el sonido de la trompeta. Es el tiempo, hijo mío. Es el tiempo. Es el tiempo de despertar. ¡Es el tiempo de resucitar!». Comienzo la cuenta regresiva: 5...4...3...2...1...

Y entonces... y entonces vuelvo a ser consciente. Soy consciente de que estoy en mi sofá y no en el cementerio. Soy consciente de que ha sido un sueño y no una realidad. Pero también soy consciente de que mi rostro está empapado en lágrimas y mi corazón lleno de gozo. Porque, aunque ha sido solo un sueño, es un sueño que de algún modo ha meditado en la mejor de todas las promesas, en la esperanza más segura. Es un sueño que de alguna forma ciertamente se cumplirá, porque Dios nos ha dado su palabra infalible:

Pues el Señor mismo descenderá del cielo con voz de mando, con voz de arcángel y con la trompeta de Dios, y los muertos en Cristo se levantarán primero. Entonces nosotros, los que estemos vivos y que permanezcamos, seremos arrebatados juntamente con ellos en las nubes al encuentro del Señor en el aire, y así estaremos con el Señor siempre.[2]

CAPÍTULO 41

Huellas en las arenas del tiempo

Una vez, pasé una mañana meditando y explorando uno de los antiguos cementerios de Londres. Mientras caminaba solemnemente por las interminables tumbas de Bunhill Fields, me di cuenta de que estaba entre mi gente, rodeado de espíritus afines, porque en las tumbas y las lápidas vi muchos nombres de personas que han influenciado mi vida y moldeado mi fe. El gran John Bunyan yace debajo de un majestuoso monumento, igual que John Owen. Cerca están Joseph Hart, Isaac Watts y Susanna Wesley. Thomas Goodwin también está allí, junto a Nathaniel Vincent y John Gill. Es una gran compañía de grandes santos, que yacen unos cerca de otros mientras esperan el día de la resurrección.

Longfellow dice, poéticamente:

Las vidas de grandes hombres nos recuerdan,
que podemos hacer nuestra existencia sublime,
y, partir, dejar detrás de nosotros,
huellas en las arenas del tiempo.[1]

Cada una de estas personas, a su manera, dejó su marca en el mundo y en mí. *El progreso del peregrino,* de Bunyan, ha provisto a generaciones de formas de entender la experiencia cristiana de este mundo. Más de tres siglos después de la muerte de Owen, *Victoria sobre el pecado y la tentación* sigue siendo el tratado preminente sobre el tema. Las palabras de Hart y Watts aún resuenan en las iglesias cada vez que cantamos: «Venid, pecadores, pobres y necesitados»,[2] o «Al mundo paz, nació Jesús».[3] He escuchado decir que la mano de Susanna Wesley hace sonar las campanas de todas las iglesias metodistas del mundo, porque dio a luz a los hermanos que fueron los cofundadores de ese gran movimiento. Los legados de Goodwin, Vincent y Gill viven a través de sus obras de teología. Cada uno de esos santos ha dejado unas huellas indelebles en las arenas del tiempo.

Longfellow cree, y con razón, que esas vidas tan grandes no deberían servir solamente para que las recordemos, sino también para que las imitemos. No deberían solamente inspirarnos, sino también motivarnos a crear nuestros propios legados de fidelidad:

Pongámonos entonces, en pie y actuemos,
con ánimo para afrontar cualquier destino.

Aún logrando, todavía persistiendo,
aprendiendo a trabajar y a esperar.[4]

Todo bien, pero ¿qué hay de aquellos que tienen pocas probabilidades de ponerse de pie y actuar? ¿Qué hay de los que vivieron una vida corta y no larga, que fueron tomados en el tiempo de preparación y no de acción, que fueron a la tumba antes de poder hacerse un nombre, de acumular ningún gran logro? ¿Dejaron ellos alguna huella en las arenas del tiempo? ¿O es como si nunca hubieran existido?

Nick no tenía un gran deseo de hacerse un nombre. No le interesaba la fama ni la notoriedad. Estaba contento con ser invisible; de hecho, lo prefería. Pero, aun así, parece cruel que vaya a ser olvidado del todo. Sin embargo, sinceramente, ¿por qué se le recordará? No deja tras de sí ningún tomo teológico, ni obras de arte, ni logros extraordinarios. No deja tras de sí ningún legado económico para financiar más la expansión del reino, ni hijos que lleven sus genes a futuras generaciones. Fue el último varón en la línea de los Challies, así que incluso su apellido desaparecerá con el paso del tiempo. Es casi como si sus pies nunca hubieran estado en este mundo, como si no hubiera dejado ninguna huella.

Me resulta inevitable hacer que mi mente regrese a Bunhill Fields y la verdadera lección de ese lugar sagrado. La verdadera lección de ese cementerio no es que la mayoría de las personas dejan huellas indelebles en las arenas del tiempo, sino que la mayoría no lo hacen, porque aunque hay dos mil monumentos en ese cementerio, hay 120.000 cuerpos. Aunque hay algunas personas extraordinarias, hay muchas más «ordinarias». Y ¿quién se atreve a decir que sus vidas no fueron igual de sublimes, igual de nobles, igual de honrosas para Dios? ¿Realmente pensamos que las únicas vidas grandiosas son las de quienes recordamos por ser grandes?

El poema de Longfellow ha inspirado a muchos a «ponerse en pie y actuar», a dar sus vidas para llevar a cabo grandes empresas y grandes logros, pero también ha inspirado a otros a reflexionar de manera realista sobre la naturaleza de la vida y de la muerte. No puedo evitar preguntarme si Hannah Flagg Gould habría recorrido también Bunhill Fields, si habría meditado, como yo lo hice, en la gran cantidad de personas sin nombre que yacían bajo sus pies. Tal vez estaban en su mente cuando comenzó a escribir este poema:

A solas caminé por la orilla del océano;
llevaba en mi mano una caracola perlada:
me incliné, y escribí en la arena
mi nombre, el año, el día.
Cuando dejé atrás ese punto,
eché una mirada atrás:
llegó una ola rodante alta y rápida,
y borró lo que escribí.

Así también, pensé yo, será pronto
con cada marca que dejé en la tierra;
una ola del oscuro mar del olvido
barrerá el lugar

donde yo pisé la orilla de las arenas
del tiempo, donde he sido, y no habrá rastro
de mí, de mi día, de mi nombre,
donde no quedará ninguna huella ni rastro.[5]

Esta es la experiencia más común, ¿no es cierto? Dejamos marcas en este mundo, pero de esas que casi de forma inmediata se borran con el tiempo. Influimos a las pocas personas que nos rodean; mejoramos unas cuantas vidas; somos fieles con los pocos talentos que se nos confiaron; y después nos vamos. Pocos dejamos huellas de esas que se verán tras unos breves momentos. Hannah Gould lo sabía, pero no le preocupaba si iba a dejar «huella ni rastro» alguno de su peregrinaje. No le preocupaba, porque entendió que Dios está creando un tipo de monumento distinto, uno que es mucho más duradero.

Sin embargo, junto a Él, que cuenta las arenas
y sostiene las aguas en sus manos,
sé que permanece una marca duradera
inscrita con mi nombre,
en todo esto, esta parte mortal ha trabajado;
en todo esto, esta alma pensante ha pensado;
todos esos momentos fugaces captados
para gloria o para vergüenza.[6]

Lo que cuenta en la economía de Dios no es lo que otras personas recuerden de nosotros o los honores y elogios que siguieron tras nuestra partida. No hay conexión alguna entre la grandiosidad de los monumentos erigidos para nosotros en la tierra y el grado de recompensa que recibimos en el cielo. Dios conoce nuestro corazón, conoce nuestras obras y conoce nuestro amor. Él sabe lo que hemos hecho, lo que hemos pensado, lo que hemos intentado en los fugaces momentos que se nos asignaron, lo que aún deseábamos cuando fuimos tomados. Eso es cierto tanto si vivimos años, décadas o siglos.

Nick no necesita que otras personas lo recuerden, porque Dios nunca se olvidará de él. No es necesario que sus obras se escriban en los anales de la historia, porque su nombre ha sido escrito en el Libro de la Vida. Él no necesita un gran monumento en su nombre, porque recibirá una piedrecita blanca con un nuevo nombre escrito en la piedra, que nadie conoce salvo él mismo y su Dios.[7] Estoy seguro de que ni él ni ninguno de los santos que lo acompañan en el cielo se enorgullecen de si sus nombres se siguen nombrando aquí, ni siquiera que les afecte lo más mínimo que hayan sido olvidados. Más bien, él está entre el incontable ejército que solo desea que Cristo sea conocido, que Cristo sea recordado, que Cristo sea honrado. Y, ahora, pido en oración que Cristo sea honrado en mí hasta el día en que yo también me vaya y sea olvidado aquí, y cuando yo también haya llegado y sea recordado allí.

CAPÍTULO 42

Bien hecho, buen padre y fiel

Lo conozco solo por la fotografía en blanco y negro enmarcada que antes colgaba en casa de mi abuela y que ahora cuelga en la de mi madre. La fotografía lo muestra como un joven y apuesto piloto de combate que ha escuchado el llamado de ataque y se ha ofrecido voluntariamente para servir en las Reales Fuerzas Armadas Canadienses. Aunque su cabello largo castaño está despeinado por el viento, de algún modo sigue pareciendo perfecto. Está sentado informalmente en el carenado de su avión, seguro, sonriente y preparado. Está listo para realizar su tarea, listo para ir a la guerra.

Cuando yo era niño, el tipo anciano que conocí había llegado a la madurez durante la Segunda Guerra Mundial. La suya fue «la mejor generación» e incluía a todos esos muchachos valientes que se habían apresurado a alistarse, fueron enviados a tierras lejanas, y habían luchado en batallas terribles en tierra, mar y aire. Y, aunque los hombres que conocía finalmente regresaron y se hicieron un nombre para sí mismos, muchos de sus compañeros no lo hicieron. El hombre cuyo retrato colgaba en la pared no lo consiguió. En 1944, mi tío abuelo Harold se embarcó en una misión y desapareció en el Mar Mediterráneo. Nunca más se volvió a saber de él.

La ciudad de mi infancia, casi como la de todos en Canadá, tuvo un cenotafio en la plaza de la ciudad, un monumento en recuerdo de los hombres que habían luchado y habían muerto. Yo iba allí a veces el Día del Veterano de Guerra, el 11 de noviembre, para participar en ceremonias que se realizaban en honor a esos hombres y para conservar su memoria. Mis jóvenes ojos miraban con tristeza los rostros humedecidos por las lágrimas de ancianos y ancianas que estaban tristes, sosteniendo fotografías gastadas ornamentadas con las tradicionales amapolas, tributos para hermanos o padres que habían servido y se habían sacrificado, que habían muerto y que fueron enterrados para descansar en los vastos cementerios de Europa occidental. Los hombres de esas fotografías se congelaron para siempre en el tiempo, tan jóvenes entonces como el día en que cayeron en combate. Pero, cada año, quienes sostenían las fotografías eran más ancianos, tenían el cabello más blanco y estaban más encorvados, más demacrados. Yo no podía entender cómo, después de tantos años, su tristeza todavía podía ser tan aguda, tan cruda, estar tan presente. No podía entender por qué, después de tantos años, mi abuela solo podía hablar de su hermano en contadísimas ocasiones.

Sin embargo, estoy empezando a entenderlo ahora. Estoy empezando a entender que algunas heridas nunca se sanan realmente, que algunas cargas pesan mucho durante toda la vida, que a veces la providencia de Dios corta tan profundo, que incluso pensar en ellas es remover toda esa vieja emoción y hablar de ellas es provocar todo ese antiguo dolor. Algunas aflicciones solo serán consoladas en el lugar donde se enjugará toda lágrima.

Cuando el Señor me concedió que mi primer hijo fuera un varón, creé una visión en mi mente de hacerme viejo con él a mi lado. En esa visión, yo estaba encorvado y tenía el cabello blanco, cerca ya del final de mi tiempo en la tierra. Estaba tumbado en una cama con mis familiares reunidos a mi lado. Nick me tomaba de la mano, y mientras yo pasaba de la tierra al cielo, le oía susurrar: «¡Bien hecho, buen padre y fiel!», una afirmación humana de la bendición divina que anhelo oír de Jesús cuando llegue al cielo. Esa visión dio a luz al propósito. «La gloria de los hijos son sus padres»,[1] dice Salomón, y yo decidí que viviría delante de mi hijo como un ejemplo digno de hombre, esposo, padre y cristiano. Viviría una vida de tal sabiduría y bondad, que Nick estaría orgulloso de ser hijo mío, orgulloso de llamarme papá, orgulloso de estar conmigo hasta el final. Aunque sabía que, en definitiva, debo vivir para la gloria de Dios y para sus elogios, estaba decidido a vivir de forma tan recta y honorable que también recibiera los de Nick.

No obstante, esa visión terminó. Aún estoy decidido a vivir una vida digna del evangelio de Jesucristo. Solo que Nick ya no estará a mi lado, no estará aquí para ser testigo de mi muerte, tomarme de la mano y susurrarme esas palabras al final. Él ya no me necesita para que dirija el camino, para enseñarle cómo tener éxito en la vida, en el ministerio, en el matrimonio y en la familia. Y, por eso, en lugar de que mi vida sea un ejemplo para él, se ha convertido en un homenaje. No sé si él puede ver lo que está ocurriendo aquí en la tierra, o si quizá recibe reportes o mensajes que lo mantengan informado. La Biblia no es clara al respecto. Pero yo he decidido vivir como si así fuera, como si él me estuviera animando, como si yo pudiera continuar para que él esté orgulloso de ser mi hijo, de que yo sea su padre.

Anoche, mientras estaba en ese estado existente entre estar dormido y despierto, tuve una visión nueva de mí, una visión de mí como uno de esos ancianos afligidos que sostiene una fotografía enmarcada y desgastada de un hombre mucho más joven. El tiempo ha avanzado pero él no, porque en la imagen él tiene aún veinte años, la misma edad que tenía cuando lo vi por última vez, cuando lo abracé por última vez, cuando le dije por última vez que lo amaba. Yo he celebrado muchos cumpleaños desde entonces; él no ha celebrado ninguno. Mi rostro está curtido y arrugado; el suyo sigue siendo joven y fresco. Pocos recuerdan ahora su nombre, y menos aún el sonido de su voz, las carcajadas de su risa, el brillo de sus ojos. Pero, mientras contemplo entrañablemente su silueta tan familiar, lo recuerdo todo. Aunque los años se han convertido en décadas, aunque hay muchos cambios internos y externos, él sigue estando vivo en mi mente y aún presente en mi corazón. Mi amor arde tan fuerte como siempre.

Una vez leí la descripción que hizo un escritor de una ocasión en la que él y su familia se embarcaron en una excursión de pesca. Salieron en la mañana y, mientras se dirigían a aguas abiertas, se encontraron con unas pequeñas islas. Su hijo preguntó si podía explorar una de ellas hasta que la familia regresara un poco más tarde y salió de la barca mientras el resto del grupo siguió avanzando hacia la zona de pesca. Cuando ya estaba anocheciendo y la familia comenzó el viaje de regreso, se puso muy oscuro y entró una espesa niebla. El padre no estaba seguro de la dirección, así que lentamente fue a tientas pegado a la costa hasta que pudo oír el sonido de las olas rompiendo contra las islas. Sin embargo, en medio de la neblina no estaba del todo seguro de cuál era la isla en la que esperaba su hijo. Así que fue a la proa, puso las manos sobre su boca, y comenzó a gritar en la oscuridad. Lejos, a la distancia, escuchó la débil contestación de su hijo por encima de las aguas: «¡Padre, estoy aquí! ¡Ven hacia mí! ¡Te estoy esperando!». Él se encaminó en dirección a esa voz, llamando y después escuchando, hasta que la barca finalmente tocó la orilla y su hijo pudo saltar a sus brazos, exclamando: «¡Sabía que me encontrarías, padre!».[2]

En mi propia visión, estoy a bordo de una barca similar adentrado en el mar, con esa preciosa fotografía aún firmemente pegada contra mi pecho. La pequeña barca golpeada por las olas ha soportado muchas tormentas, muchas grandes tempestades que han estado a punto de inundarla, muchas grandes olas que casi la vuelcan. Y ahora, con la tierra alejándose a la distancia a mis espaldas, comienzo a oír un clamor lejano: «¡Estoy aquí, papá! Dirígete hacia mi voz. ¡Te estoy esperando!». La voz viene de la dirección de la fe, de la dirección de la santificación, de la dirección de la perseverancia. Viene de la dirección del cielo.

Y así, a través de la niebla, me abro camino hacia ella, manteniendo mi rumbo hacia el sonido de la voz de Nick. «¡Tranquilo ahora!», le oigo decir. «¡No te rindas! Estás muy cerca». Su voz es cada vez más clara en mis oídos a medida que acorto la distancia entre nosotros.

Y entonces, cuando mi barca finalmente encalla en la orilla de una isla muy lejana, lo encuentro esperándome allí, en ese lugar donde el último enemigo ha sido derrotado, donde la Muerte misma ha muerto, donde nada puede jamás separarnos de nuevo. «¡Sabía que me encontrarías!», me dice. Después, al abrazarme, dice las palabras que tanto había esperado oír: «¡Bien hecho, buen padre y fiel!».

Primero el final

El aire está empezando a soplar frío otra vez, las noches de nuevo son cada vez más largas. Las hojas del gran roble y el arce que se levantan junto a nuestra casa ya han cobrado coloridas tonalidades de rojos, amarillos y naranjas, para amontonarse después en el suelo que tienen debajo. No estamos lejos de la primera helada, no estamos lejos de la primera nevada, no estamos lejos de que cambiemos de año.

En los primeros días de nuestra aflicción, cuando nuestras mentes estaban tan desconcertadas y nuestros corazones tan hechos pedazos, nos dijeron que este año sería el más difícil de todos porque sería el año de los muchos primeros: el primer día y la primera noche de hacer duelo, la primera fiesta con una silla visiblemente vacía, la primera Navidad con dos calcetas en la chimenea en lugar de tres, el primer cumpleaños en que Nick no envejecería un año ni un solo día. Cada uno de estos primeros nos traería su propia tristeza, nos dijeron, cada uno su nueva aflicción. Las palabras fueron acertadas, porque la mayoría de las veces, las ocasiones en el calendario que, de no haber sido así, nos habrían dado gozo nos han producido un agudo dolor.

Hoy hemos tenido otro primero, el último primero, porque hoy es el aniversario de la muerte de Nick. He escuchado a algunos referirse a esto como un «muereaños», un término que mórbidamente tiene un paralelismo con el «cumpleaños». Pero prefiero quedarme con algo más formal como «aniversario de su muerte». Fue un día como hoy hace un año cuando recibimos la noticia de que se había desplomado, hoy hace un año que nuestras vidas cambiaron radicalmente, hoy hace un año que, en los cielos oscuros de Ohio, comencé de forma inadvertida a escribir sobre las estaciones de mi aflicción.

Nos reunimos en el cementerio esta noche para marcar la ocasión. Con unos pocos amigos y algunos familiares, estuvimos ahí junto a la tumba de Nick y cantamos juntos canciones que ponían palabras a nuestra aflicción, nuestra alabanza, nuestra expectativa. Cantamos sobre la gracia que nos ha guardado hasta ahora y sobre la gracia que nos llevará a casa.[1] Declaramos que, al margen de lo que nos depare el futuro, Dios nos ha enseñado a decir: «Está bien, está bien con mi alma».[2] Con lágrimas en los ojos, proclamamos nuestra esperanza firme y segura de que, en un día que solo Dios conoce, haremos fiesta juntos en la casa de Sion y volveremos a contar las grandes y poderosas obras de nuestro Dios, ese día en el que ya no lloraremos más.[3]

Con la luz del día apagándose rápidamente a nuestro alrededor, cantamos, oramos, nos abrazamos y regresamos al calor de nuestro hogar.

Un amigo me preguntó recientemente qué había aprendido en el año más difícil de todos. No tuve una gran respuesta para él en ese entonces, pero esta noche me parece todo claro: «aprendí a trabajar y a llorar». Esto, según parece, es lo que constituye la vida a este lado de la gloria. Viajamos al cielo trabajando y llorando. Sí, hay tiempos de descanso y también tiempos de gozo, «tiempo de llorar, y tiempo de reír; tiempo de lamentarse, y tiempo de bailar».[4] Pero cada gozo se ve forjado por la tristeza, cada momento de descanso por el conocimiento de que el trabajo debe continuar. El gozo más puro y el descanso más pleno residen más allá del horizonte del tiempo.

Jesús se encontró en una ocasión con un grupo de hombres que insistían en querer seguirlo y ser sus discípulos; sin embargo, conocía los corazones de los hombres, así que les advirtió que calcularan bien el costo.[5] Enseguida quedó claro que solo lo seguirían si podían conservar sus cómodas vidas, solo si podían seguir cuando les resultara conveniente, solo si podían seguir como un asunto de prioridad secundaria. Volteándose hacia los discípulos, Jesús dijo: «Nadie, que después de poner la mano en el arado mira atrás, es apto para el reino de Dios».[6] Este era un llamado a la dedicación y la perseverancia, porque el agricultor que ara con sus ojos mirando hacia atrás inevitablemente hará surcos dentados, descuidados y vergonzosos. La única forma de que haga surcos rectos es poner sus ojos en un punto distante y mantenerlos fijos ahí hasta que finalmente haya llegado al borde de su campo.

En esos pocos campos que aún rodean esta ciudad, los agricultores recientemente recogieron sus cosechas de verano, pero incluso con la cosecha recogida, e incluso con sus graneros llenos, aún no era tiempo de descansar, porque todavía tenían que poner su mano en el arado y trabajar hasta que lo hubieran preparado para la siguiente estación. Y, por lo tanto, sus tractores una vez más entrecruzaron los campos; una vez más sembraron sus semillas; una vez más plantaron su cosecha: el trigo que yacerá adormecido durante el largo invierno antes de finalmente brotar a la vida con los primeros rayos del cálido sol primaveral.

Como esos agricultores, sé que llegar al final de una estación solo me ha llevado al comienzo de otra. Aún no es el tiempo de descansar, porque todavía tengo trabajo por hacer, todavía hay semillas que plantar y una cosecha que segar, una cosecha de gracias cristianas, de vida fiel, de amor y de buenas obras. Así que debo poner mi mano en el arado y seguir mirando hacia adelante, no hacia atrás.

Si el camino parece guiar al agricultor al final de su campo y a un descanso invernal, mi camino hacia adelante me lleva al final de mi vida y al descanso eterno. Me conduce al día en que la muerte deje de existir, cuando hacer luto, llorar, sentir dolor y todas esas cosas hayan pasado.[7] Llega ese día, pero aún no está aquí. Incluso mientras pongo mi mano en el arado, solo puedo poner una, porque necesitaré la otra para enjugar mis lágrimas; esta es la esencia de vivir y trabajar como cristiano.[8] Así que proseguiré y no miraré atrás. He puesto mis ojos brillantes en el cielo, mis ojos en el final de mi viaje, mis ojos en mi gran recompensa, por lo que avanzaré firme hacia ello. Por la gracia de Dios, trabajaré y lloraré hasta que al fin llegue a ese lugar de consuelo, al lugar de descanso, al lugar que es verdaderamente mi hogar.

———

El sol se ha puesto, la casa se ha quedado callada y es tiempo de que me retire a dormir. Subiré las escaleras y entraré en el cuarto donde Aileen ya está descansando. Me acercaré para estar junto a ella y me quedaré ahí tendido unos minutos, escuchando el sonido de su respiración, hasta que mi pecho empiece a subir y bajar al unísono con el suyo. Mis ojos se harán pesados y mi mente torpe. Enseguida, yo también me dormiré. Y, mientras un día da paso a otro día, dormiré, confiado en el conocimiento de que, cuando despierte con el sol, estaré un día más cerca del cielo, un día más cerca de Jesús y un día más cerca de Nick. «Buenas noches, hijo mío», susurraré en la oscuridad. «Buenas noches, hasta entonces».

EN MEMORIA DE
Nick Challies (2000-2020)

© *Caffy Whitney. Usado con permiso.*

Todos los derechos reservados.

Nota del autor

Después de la muerte de Nick, inmediatamente vi que anhelaba la compañía de los que habían recorrido este camino antes que yo. Acudí a escritores de otras épocas, porque aunque la pérdida de un hijo no nos resulta ajena, era muy familiar para muchos de ellos. Muchas de las reflexiones de este libro fueron inspiradas por palabras, frases o ideas de autores como J. R. Miller, F. B. Meyer, Theodore Cuyler, Thomas Smyth, P. B. Power, Thomas De Witt Talmage, John Flavel y otros. Ellos, casi tanto como cualquier hombre o mujer vivos, han sido mis compañeros durante este año. He hecho mi mejor esfuerzo por anotar cualquier cosa que extraje de ellos, pero seguro que he pasado por alto algunas. Tras leer tantos miles de páginas de sus palabras, a veces me cuesta separar sus ideas de las mías. Confío en que ellos, y tú, me perdonen por cualquiera que me haya faltado citar.

Reconocimientos

Aileen, Abby, Michaela y Ryn, también estoy muy orgulloso de ustedes y muy agradecido a ustedes. Hagamos lo que prometimos incluso cuando Nick aún estaba con nosotros: mantengámonos fieles al Señor y fieles a su Palabra, para que todos podamos mirar hacia adelante anticipando una gran reunión en el cielo. ¡Qué gran día será ese!

Tengo que expresar mi agradecimiento a mi madre, mis hermanas y mi hermano, así como a los padres y la hermana de Aileen por todas las formas en las que nos han apoyado durante nuestra pérdida y en el año siguiente. Y tengo que expresar mi agradecimiento a las muchas personas de nuestro vecindario que fueron tan amables, tan útiles y generosas. No podríamos haberlo hecho sin ustedes.

En los primeros días recibimos una ayuda extraordinaria e inolvidable de muchas personas del equipo, el profesorado y estudiantes de Boyce College y el Seminario Teológico Bautista del Sur, y también de los pastores y miembros de la congregación Third Avenue Baptist Church. Estoy muy agradecido.

Agradezco también a los queridos hermanos y hermanas de Grace Fellowship Church que cuidaron tan bien de nosotros. Gracias especialmente también a Scott y Mona, John y Milly, Curtis y Jenny, Paul y Susan, Aaron y Chris, cada uno de los cuales nos sirvieron en maneras excepcionales. Y debo agradecer también a los muchos lectores de mi blog que nos ofrecieron sus condolencias y oraciones.

El Señor lo arregló todo para que conociéramos a otros padres que son parte del círculo sagrado de la aflicción, y estoy agradecido por amistades como las de Robb y Karen, Jamie y Vanessa, James y Mary, y Joel y Danielle. Su fe y su resiliencia nos han bendecido en muchas maneras.

Agradezco a los equipos de Wolgemuth & Associates y Zondervan Reflective por su apoyo a este proyecto.

Si de alguna manera este libro te ha conmovido, ayudado o bendecido, por favor, considera hacer una donación a esta beca que se distribuye a estudiantes de la Boyce College y el Seminario del Sur, que tiene la intención de continuar el ministerio que Nick no pudo, es decir, ministrar el evangelio de Jesucristo en Canadá. Puedes saber más al respecto en www.sbts.edu/support/challiesscholarship.

Notas

Capítulo 3: En la oscuridad más profunda

1. Ver Jeff Robinson, «Heartbroken Boyce College Students Mourn the Abrupt Death of Nick Challies», *Southern News*, 4 de noviembre de 2020, news.sbts.edu/2020/11/04/heartbroken-boyce-college-students-mourn-the-abrupt-death-of-nick-challies.

2. Ver Theodore L. Cuyler, *God's Light on Dark Clouds* (London: Hodder & Stoughton, 1882), p. 45. La metáfora de remar que uso aquí también fue inspirada por Cuyler y un ensayo («Christ's Hand at the Helm») en Theodore Cuyler, *Mountain Tops with Jesus: Calls to a Higher Life* (New York: Revell, 1899), pp. 28-34.

3. Esta última frase fue inspirada por J. R. Miller, *Week-Day Religion* (London: Hodder & Stoughton, 1898), p. 273.

Capítulo 4: Buenas noches, hasta entonces

1. Leonhard Sturm, «Good Night, Till Then», trans. Jane Borthwick, Hymnary.org, consultado en línea 19 de abril de 2022, https://hymnary.org/text/i_journey_ forth_rejoicing. De dominio público.

Capítulo 5: De la tumba a la gloria

1. Juan 12:24.

2. 1 Corintios 15:36.

3. Ver 1 Corintios 15:42-43.
4. Parafraseado del Credo de los apóstoles.
5. Ver Génesis 8:22.
6. Permitiremos las excepciones de Enoc y Elías para demostrar la regla.

Capítulo 6: Dormido en Jesús

1. Juan 11:11; Hechos 7:60; 1 Corintios 15:18.
2. Ben Jonson, «On My First Son», Poetry Foundation, consultado en línea 19 de abril de 2022, www.poetryfoundation.org/poems/44455/on-my-first-son.
3. Lucas 23:43.
4. Filipenses 1:21.
5. Ver 1 Tesalonicenses 4:16.
6. Ver 1 Corintios 16:22; Apocalipsis 22:20.

Capítulo 7: Dios es bueno todo el tiempo

1. La primera anécdota la escuché hace mucho tiempo atrás, pero no puedo ubicarla ahora; la segunda se atribuye ampliamente a Karl Barth.
2. Se atribuye ampliamente a Charles Spurgeon, pero me ha resultado difícil rastrearla hasta su fuente original.
3. Ver «Lord's Day 10» (Q&A 27), Heidelberg-Catechism.com, Canadian Reformed Theological Seminary, consultado en línea 19 de abril de 2022, www.heidelberg-catechism.com/en/lords-days/10.html.
4. Job 1:21.
5. Ver Wayne Grudem, *Systematic Theology: An Introduction to Biblical Doctrine*, 2nd ed. (1994; repr., Grand Rapids: Zondervan, 2020), pp. 236-37 [*Teología sistemática: Introducción a la doctrina bíblica* (Nashville: Editorial Vida, 2021)].

Capítulo 8: Solo un espectador perenne

1. Ver Hebreos 12:6.
2. Ver Gálatas 5:22-23.

3. Kathrina von Schlegel, «Be Still, My Soul», trans. Jane Borthwick, Hymnary.org, consultado en línea 19 de abril de 2022, https://hymnary.org/text/be still_my soul the_lord_is_on_thy_side. De dominio público.

Capítulo 9: Mi manifiesto

1. Ver 1 Corintios 15:58.
2. Ver Filipenses 3:14.
3. Ver Hebreos 12:1-2.
4. Ver 2 Timoteo 4:7.

Capítulo 10: Canto en la oscuridad

1. Proverbios 14:10 NVI.
2. Ver Jeremías 17:10; Isaías 53:3; Romanos 8:26.
3. Charles Spurgeon, «Man Unknown to Man», Metropolitan Tabernacle Pulpit vol. 35, 14 de abril de 1889, The Spurgeon Center, consultado en línea 19 de abril de 2022, www.spurgeon.org/resource-library/sermons/man-unknown-to-man.
4. Mi gratitud para Chris Mouring, quien —en correspondencia privada— trazó la distinción entre «convivir con ello» y «superarlo».

Capítulo 11: Temo a Dios y tengo miedo de Dios

1. Ver Proverbios 9:10.
2. Ver R. C. Sproul, *Now, That's a Good Question!* (Wheaton, IL: Tyndale, 1996), pp. 17-18 [*¡Qué buena pregunta!* (Wheaton, IL: Tyndale, 2011)].
3. Salmos 112:1 NVI.

Capítulo 12: Voltear para mirar al sol

1. Esta ilustración fue inspirada por Theodore L. Cuyler, *Wayside Springs from the Fountain of Life* (London: Hodder & Stoughton, 1883), pp. 101-6.
2. Ver Salmos 34:15, 18.
3. Ver Santiago 1:17, Malaquías 3:6, Hebreos 13:8.
4. Ver Génesis 8:22.

5. Ver Juan 14:26.
6. Salmos 37:25.
7. Ver Salmos 84:11.
8. Ver Malaquías 4:2.

Capítulo 13: ¡Ayuda mi incredulidad!
1. Ver Marcos 9:14-29.
2. «1689 Baptist Confession Chapter 31», ARBCA, consultado en línea 19 de abril de 2022, www.arbca.com/1689-chapter31.

Capítulo 14: ¿Qué hacemos con la aflicción?
1. Colosenses 3:5.
2. Colosenses 3:12.
3. Ver Filipenses 3:13-14.

Capítulo 15: Ojos llorosos y corazones sonrientes
1. Ver Efesios 6:4.

Capítulo 17: Cómo tratar con la aflicción
1. Ver Mateo 25:14-30.
2. Maltbie D. Babcock, «This Is My Father's World», Hymnary.org, consultado en línea 19 de abril de 2022, https://hymnary.org/text/this_is_my_fathers_world_and_to_my. De dominio público.

Capítulo 18: Hágase tu voluntad
1. Lucas 22:42.
2. Las frases «llorar por las aflicciones que quizá nunca llegarán» y «lento suicidio» fueron usadas por el ministro presbiteriano y escritor religioso Theodore Cuyler en varias de sus obras.
3. Mateo 6:34.
4. Ver Horatio Spafford, «When Peace, Like a River», Hymnary.org, consultado en línea 19 de abril de 2022, https://hymnary.org/text/when_peace_like_a_river_attendeth_my_way. De dominio público.

Capítulo 19: A mi hijo en su vigésimo primer cumpleaños

1. Theodore Cuyler escribió varias versiones de esta frase en sus libros y sermones.
2. 1 Corintios 15:22.
3. Ver Santiago 4:14.

Capítulo 20: Nostálgico

1. Ver Apocalipsis 21:15-23.
2. Ver Juan 14:2; 2 Corintios 5:8.
3. Inspirado por T. De Witt Talmage, *Trumpet Peals: A Collection of Timely and Eloquent Extracts* (New York: Bromfield, 1890), p. 462.

Capítulo 21: Flores en el desierto

1. Ver Romanos 8:28.
2. Juan 13:7.
3. Ver Génesis 45:5; 50:20; Hechos 4:28.
4. Encontré la idea, por primera vez, de «promesas cumplidas» en los escritos del pastor presbiteriano, escritor y editor J. R. Miller; ver su capítulo 8 en *Silent Times: A Book to Help in Reading the Bible into Life* (New York: Ward & Drummond, 1886), pp. 84-92, https://springsofgrace.church /2021 /03 /afterward.
5. Ver Hechos 7:54-60; 12:6-19; Apocalipsis 1:9-11.
6. Ver William Cowper, «God Moves in a Mysterious Way», Hymnal.net, consultado en línea 19 de abril de 2022, www.hymnal.net/en/hymn/h/675. De dominio público.
7. Ver Romanos 8:28 NVI.

Capítulo 22: Ni un momento antes

1. Mateo 13:3, 24; Juan 4:35.
2. Ver Génesis 5:24.

Capítulo 23: ¿Cuán largo es el guion?

1. Juan 16:16 NTV.

Capítulo 24: Un cuarto vacío

1. Ver Thomas Smyth, *The Complete Works of Thomas Smyth*, vol. 10 (Columbia, SC: R. L. Bryan, 1912), 20-21, http://library.logcollegepress.com/Smyth%2C+Volume+10.pdf.

Capítulo 25: ¿Cuántos hijos tengo?

1. Adaptado y parafraseado de Marcos 12:18-27.
2. Ver Tim Challies y Jules Koblun, *Knowing and Enjoying God* (Eugene, OR: Harvest House, 2021).

Capítulo 26: La causa de la muerte

1. Ver 1 Samuel 2:6.
2. Salmos 115:3.
3. Job 12:10, énfasis añadido.

Capítulo 27: La trompeta sonará

1. Todas las citas del *Mesías* de Händel de este capítulo se tomaron de Charles Morris, «Händel's Messiah: Lyrics and Verse References», Haven Today, 20 de noviembre de 2020, https://haventoday.org/blog/Händels-messiah-lyrics-verse-references.
2. 1 Tesalonicenses 4:16.
3. 1 Corintios 15:52.
4. Lucas 17:24.

Capítulo 28: Sigue mis huellas

1. Ver Adelaide Rodham, *The Footsteps of Christ* (Edinburgh: T&T Clark, 1871), p. 318.
2. Carrie Ellis Breck, «Face to Face with Christ My Savior», Hymnary.org, consultado en línea 19 de abril de 2022, https://hymnary.org/text/face_to_face_with_christ_my_savior. De dominio público.
3. Ver 2 Corintios 5:8.

Capítulo 29: El círculo sagrado

1. Charles Spurgeon, «Man Unknown to Man», Metropolitan Tabernacle Pulpit vol. 35, 14 de abril de 1889, The Spurgeon Center, consultado en línea 19 de abril de 2022, www.spurgeon.org/resource-library/sermons/man-unknown-to-man, énfasis añadido.

2. 2 Samuel 12:7.

3. Charles Wesley, «Death of a Child», Hymnary.org, consultado en línea 19 de abril de 2022, https://hymnary.org/text/wherefore_should_i_make_my_moan. De dominio público.

4. Henry Wadsworth Longfellow, «Resignation», Henry Wadsworth Longfellow (website), Maine Historical Society, consultado en línea el 19 de abril de 2022, www.hwlongfellow.org/poems_poem.php?pid=117. De dominio público.

5. Miss H. F. Gould, «The Child of a Year and a Day», en *Poems*, vol. 3 (Boston: Hilliard, Gray, 1853), p. 35.

6. Fanny Crosby, *Fanny Crosby's Story of Ninety-Four Years*, relatada por S. Trevena Jackson (New York: Revell, 1915), p. 57.

7. Puedes leer relatos breves de muchas de estas personas en James W. Bruce III, *From Grief to Glory* (Edinburgh: Banner of Truth, 2008), un libro que me habría ahorrado mucho tiempo si lo hubiera leído antes de hacer toda la investigación para este capítulo.

8. Entre los libros históricos dirigidos concretamente a hacer luto por un hijo se encuentran Thomas Smyth, *Solace for Bereaved Parents* (New York: Carter, 1848); William Logan, *Words of Comfort for Parents Bereaved of Little Children* (London: Nisbet, 1867); Theodore L. Cuyler, *The Empty Crib: A Memorial of Little Georgie, with Words of Consolation for Bereaved Parents* (New York: Carter and Brothers, 1868); y N. W. Wilder, ed., *Little Graves: Choice Selections of Poetry and Prose* (New York: Nelson & Phillips, 1876). Libros más recientes incluyen Nicholas Wolterstorff, *Lament for a Son* (Grand Rapids: Eerdmans, 1987); Jerry Sittser, *A Grace Disguised: How the Soul Grows through Loss* (1995; repr., Grand Rapids: Zondervan, 2021); y Nancy Guthrie, *Holding On to Hope: A Pathway through Suffering to the Heart of God* (Wheaton, IL: Tyndale, 2002).

9. Atribuido a uno de los conocidos de Theodore Cuyler en Cuyler, *The Empty Crib*, p. 102.

10. Ver Hebreos 10:24, NVI; Apocalipsis 21:4.

Capítulo 30: Ángeles sin saberlo

1. Salmos 37:25.

2. Proverbios 10:1 NVI.

3. Ver Lucas 2:52.

4. Proverbios 29:3.

5. 1 Tesalonicenses 5:23-24, 28.

Capítulo 31: Al otro lado del muro

1. Inspirado en el poema de Alice Cary «Abril», en el que aparecen estas líneas: «Por lo tanto, incluso por los muertos no se afligirá mi alma: la muerte ya no puede dividir; porque ¿acaso no es como si la rosa que trepó por el muro de mi jardín hubiera florecido en el otro lado?». Hallado en Katharine Lee Bates, ed., *The Poems of Alice and Phoebe Cary* (New York: Crowell, 1903), p. 261.

2. Ver Lucas 2:52.

3. La frase final se extrajo de P. B. Power, *A Book of Comfort for Those in Sickness* (1876; repr., Edinburgh: Banner of Truth, 2018), p. 97.

Capítulo 32: Valor, querido corazón

1. C. S. Lewis, *The Voyage of the Dawn Treader* (1952; repr., New York: HarperCollins, 1994), pp. 186-87 [*La travesía del Viajero del Alba* (HarperCollins Español, 2005)].

Capítulo 33: El ministerio de la aflicción

1. J. R. Miller, *The Ministry of Comfort* (London: Hodder & Stoughton, 1903), p. 14.

2. Adaptado de J. R. Miller, «As Living Stones» (entrada en la sección 2), en *The Garden of the Heart*, Grace Gems, consultado en línea 19 de abril de 2022, https://gracegems.org/Miller/garden_of_the_heart.htm.

3. Ver Efesios 2:20.

4. Judson W. Van De Venter, «I Surrender All», Hymnary.org, consultado en línea 19 de abril de 2022, https://hymnary.org/text/all_to_jesus_i_surrender. De dominio público.

5. Frances R. Havergal, «Take My Life and Let It Be», Hymnary.org, consultado en línea 19 de abril de 2022, https://hymnary.org/text/take_my_life_and_let_it_be. De dominio público.

6. Ver 2 Corintios 1:4.

7. Ver Gálatas 6:2.

8. Ver Romanos 12:15.

Capítulo 34: Dios, dame hijos varones

1. Proverbios 15:20 NTV.

2. En efecto, Abby se casó con Nathan Elfarrah el 15 de mayo de 2022, justo después de que terminé este manuscrito.

Capítulo 35: En verdes pastos

1. Salmos 23:1.

2. Salmos 23:4.

3. Isaías 46:10.

4. Salmos 23:6.

5. La inspiración para estos pensamientos proviene, en parte, de J. R. Miller, *By the Still Waters: A Meditation on the Twenty-Third Psalm* (New York: Crowell, 1898), www.gracegems.org/Miller/still_waters.htm.

Capítulo 36: Mi posesión más preciada

1. Historia resumida de Theodore L. Cuyler, *The Empty Crib* (New York: R. Carter and Brothers, 1868), p. 76.

2. Puedes aprender sobre muchas de estas Biblias en mi libro y serie de video titulada *Epic: An Around-the-World Journey through Christian History* (Grand Rapids: Zondervan Reflective, 2020).

3. 1 Corintios 15:22.

Capítulo 37: No necesita nada

1. 2 Samuel 9:8 NVI.
2. 2 Samuel 9:1.
3. Ver Santiago 1:27.
4. Ver Apocalipsis 6:10.

Capítulo 39: La muerte no le hizo ningún daño

1. John Donne, «Holy Sonnets: Death, Be Not Proud,» Poetry Foundation, consultado en línea 19 de abril de 2022, www.poetryfoundation.org/poems/44107/holy-sonnets-death-be-not-proud. De dominio público.
2. Ver 1 Corintios 15:26.
3. Este capítulo fue inspirado en parte por el pastor Tim Binion que, en el funeral de Grace Keen (10 julio, 2001-18 marzo, 2021), testificó que «la muerte no le hizo ningún daño».

Capítulo 40: ¡Es el tiempo de resucitar!

1. C. S. Lewis, *The Voyage of the Dawn Treader* (1952; repr., New York: HarperCollins, 1994), p. 187 [*La travesía del Viajero del Alba* (HarperCollins Español, 2005)].
2. 1 Tesalonicenses 4:16-17.

Capítulo 41: Huellas en las arenas del tiempo

1. Henry Wadsworth Longfellow, «A Psalm of Life», Poetry Foundation, consultado en línea 19 de abril de 2022, www.poetryfoundation.org/poems/44644/a-psalm-of-life. De dominio público.
2. J. Hart, «Come, Ye Sinners, Poor and Needy», Hymnary.org, consultado en línea 19 de abril de 2022, https://hymnary.org/text/come_ye_sinners_poor_and_needy_weak_and. De dominio público.
3. Isaac Watts, «Joy to the World, the Lord Is Come!», Hymnary.org, consultado en línea 19 de abril de 2022, https://hymnary.org/text/joy_to_the_world_the_lord_is_come. De dominio público.
4. Longfellow, «A Psalm of Life».
5. Miss H. F. Gould, «A Name in the Sand», en *Poems*, vol. 3 (Boston: Hilliard, Gray, 1853), p. 34.

6. Gould, «A Name in the Sand».
7. Ver Apocalipsis 2:17.

Capítulo 42: Bien hecho, buen padre y fiel

1. Proverbios 17:6.
2. Ver Thomas Smyth, *The Complete Works of Thomas Smyth*, vol. 10 (Columbia, SC: R.L. Bryan, 1912), p. 210.

Epílogo

1. Ver John Newton, «Amazing Grace! (How Sweet the Sound)», Hymnary.org, consultado en línea 19 de abril de 2022, https://hymnary.org/text/amazing_grace_how_sweet_the_sound. De dominio público.
2. Horatio Spafford, «When Peace, Like a River», Hymnary.org, consultado en línea 19 de abril de 2022, https://hymnary.org/text/when_peace_like_a_river_attendeth_my_way. De dominio público.
3. Ver Sandra McCracken y Joshua Moore, «We Will Feast in the House of Zion», track 2 en *Psalms*, 2015, https://sandramccracken.bandcamp.com/track/we-will-feast-in-the-house-of-zion.
4. Eclesiastés 3:4.
5. Ver Lucas 9:57-62; 14:25-33.
6. Lucas 9:62.
7. Ver Apocalipsis 21:4.
8. He escuchado varias veces esta frase atribuida a los puritanos y a Watchman Nee. Gracias a Maryanne por llamar mi atención sobre ella.